게으르지만 콘텐츠로
돈은 잘 법니다

게으르지만 콘텐츠로 돈은 잘 법니다

자본 없이
콘텐츠로 10억 번
게으른 고수의
성공 비결

신태순 지음

나비의 활주로

덜 쓰고, 더 자유롭게 더 벌기 원하는 분!
꼭 끝까지 봐주세요.

"제가 월에 1억 광고를 하는데 성과가 안 나서 아주 힘듭니다. 100명 넘는 직원들 월급도 줘야 하는데…."

거대한 금액의 투자가 예정되어 있지 않은 이상, 항상 불안에 떨 수밖에 없는 CEO의 현실적인 고민을 곁에서 종종 접합니다. 아무리 큰 매출을 올려도 광고비와 인건비, 임대료를 빼면 적자인 기업은 상상 이상으로 많습니다. 겉으로 화려해 보이지만 속은 썩어 들어가고, 열심히 일해도 손에 쥐는 돈은 없고, 가정에 소홀해지며 직원의 존경은 받지 못하며 술과 공황장애 치료제에 의존해야 하는 삶은 언론에서 거론되는 성공한 사업가의 모습과는 거리가 멀어 보였습니다.

'대단히 성공한 기업이 되지 않더라도, 늘 열정을 불태우지 않더라도 충분히 사업을 키울 방법은 없을까?'

'자금이 없는 스타트업이 광고비를 최소화하면서 수익을 낼 방법이

있지 않을까?'

'나처럼 게으르고, 자유로운 삶을 원하는 사람이 육아를 하면서도 충분히 잘 먹고 살려면 어떻게 돈을 벌어야 할까?'

국내·외를 가리지 않고 이 방법을 찾는데 몰두했습니다. 그리고 하나의 키워드를 잡았고, 그 키워드를 염두에 두고 7년째 자유롭게 돈을 벌며 살아가고 있습니다.

저는 거북이 같은 사람이라 토끼가 오르는 산에서 경쟁하면, 에너지와 감정소모도 엄청나고 돈도 많이 써야 합니다. 그래서 거북이 같은 사람과 기업이 이길 수 있는 바다를 찾아서 유유히 헤엄치면서 살고 있습니다. 이것을 가능하게 해준 키워드가 궁금하신가요?

그 키워드는 '콘텐츠 해킹'입니다. 해외에서는 핫한 키워드지만 우리나라에서는 생소한 말입니다. 책 전반에 걸쳐서 상세하게 설명되기 때문에 지금 낯설게 느껴져도 상관없습니다. 콘텐츠 해킹은 '콘텐츠 마케팅+그로스 해킹'입니다.

먼저 콘텐츠 마케팅을 정의하면 다음과 같습니다. 잠재고객의 문제를 해결해주는 콘텐츠를 지속해서 발행하여 구독자를 만들고 그들과 직접 소통하면서 발전된 상품을 만들고 판매하여 유료 광고에 의존하지 않고 안정적인 매출을 일으키는 마케팅 방식입니다.

그렇다면 콘텐츠로 상품을 홍보하는 것과 무엇이 다를까요? 콘텐츠가 상품 홍보만을 위해서 쓰이는 게 아니라, 그 자체로 잠재고객에게 가치가 있어야 합니다. 잠재고객에게 도움이 된다면 콘텐츠에 상품이야기가 들어가지 않을 수도 있습니다. 도움되는 콘텐츠 발행으로 충성 팬을 만들고 있을 때 진정한 콘텐츠 마케팅이라 부를 수 있습니다.

그래서 단발성으로 콘텐츠를 제작해서 광고하는 건 엄밀히 말해 콘텐츠 마케팅이 아닙니다. 그럼 SNS에 콘텐츠를 발행 중이면 콘텐츠 마케팅을 하고 있는 것일까요?

"그렇지 않습니다."

'정기적'으로 '장기간' 발행하고 있어야 합니다. 에너지 음료 회사로 알고 있는 레드불은 출판을 통해 매년 수백만 권의 잡지를 발매하고, 영화 수준의 영상을 정기적으로 제작합니다. 도전정신을 담은 콘텐츠를 발행하고 그 콘텐츠를 구독하는 팬과 소통합니다. 음료는 그 가운데 자연스럽게 노출되어 거부감 없이 구매로 전환됩니다. 이 정도 내용이면 책에 나오는 콘텐츠 마케팅을 이해하는 데 전혀 부족함이 없습니다.

그로스 해킹은 기존 상식을 넘어서 더 적은 비용과 인력으로 폭발적인 성장을 하게 하는 방식입니다. 성장에는 구독자 수, 수익, 유명세 등이 포함됩니다. 영리하게 돈을 벌기 위해서는 비용 절감(광고비, 인건비,

6

임대비)을 동반한 폭발적 성장이 필요합니다.

2010년, 에어비앤비는 집주인이 숙박정보를 자신의 사이트에 등록하면, 경쟁사 사이트에도 숙박 정보를 동시에 올려주는 서비스를 했습니다. 에어비앤비 한 곳만 올리면 다른 곳에도 정보가 올라가다 보니 집주인들은 에어비앤비 사이트로만 몰렸고 에어비앤비가 급성장한 계기가 되었습니다. 자신의 경쟁사를 돕는 일은 기존 상식을 뛰어넘은 방식입니다. 다른 성장하는 기업들에도 이런 의외의 요소들이 있었고 그것을 그로스 해킹이라고 부르기 시작했습니다.

창의적인 방법으로 더 적은 비용을 들이면서 더 많은 팬을 만들고 수익을 만들었던 제 성과들은 콘텐츠 마케팅과 그로스 해킹 두 단어의 조합이고 이것이 책 전반에 설명되는 콘텐츠 해킹입니다. 거북이가 바다로 가서 토끼와 산에서 경쟁하지 않게 하는 마법의 키워드입니다.

광고비를 한 달에 1억 원씩 써도 성과가 안 나는 기업이 그 돈을 쓰지 않고도 더 큰 성과를 만들 수 있는 키워드입니다. 자본이 부족한 스타트업이 광고비와 인건비를 아끼면서 매출을 올리고 고객의 만족도를 높여주는 키워드이고요.

"어려운 것 같은데 저도 이해할 수 있을까요?"

덜 쓰고, 덜 일하고, 더 벌고 싶다면 꼭 읽으세요. 어렵지 않습니다. 독자님을 위해 다양한 사례와 비유로 상세히 설명해 드리니까요. 순서대로 보지 않고 편하게 읽히는 부분부터 읽으셔도 괜찮습니다.

저는 7년 넘게 한주도 빠짐없이 사업문서와 칼럼을 제작했습니다. 유튜브와 팟캐스트에 콘텐츠를 정기적으로 올렸습니다. 무자본 창업 온라인 코스를 판매하는데 콘텐츠 기반으로 자동으로 세일즈를 발생시켰고 콘텐츠로 수익 10억 원 이상을 냈습니다. 60만 원에 만든 음반을 광고비 없이 음원 순위에 올리고, 무명 저자에서 베스트셀러 저자가 되었습니다.

책 전반에 걸쳐 언급되지만 일반적인 접근과는 거리가 먼 방식으로(해킹) 드라마틱한 성과(그로스)를 얻은 것들이었고, 대부분 콘텐츠 기반으로 비용을 추가로 들이지 않으면서(콘텐츠 마케팅으로) 냈던 성과입니다.

여기까지 읽은 독자님을 포함해서 다음과 같은 분들은 꼭 이 책을 일독해보시길 추천합니다. 매월 나가는 비용은 많은데 성과는 없고 감당하기 힘든 리스크를 안고 가는 스타트업, 중소기업의 마케터 혹은 대표는 이 책으로 체질 전환을 시작할 수 있습니다. 직장다니며 창업을 준비하거나 부업하는 독자님이라면 고객을 만족시키며 즐겁게 돈 버는 시작을 이 책으로 해보시면 좋습니다. 1인 기업가 독자님이라면 스트레스 덜 받으면서 선한 영향력을 전파하고 그에 상응하는 돈을 벌기 위해서 이 책을 읽어보세요.

마지막으로 육아하는 부모님께 이 책을 적극적으로 권합니다. 이 책에도 나오지만 제 아내도 육아를 시작하며 10년 다녔던 직장을 그만두고 자기만의 아이템으로 무자본 창업을 해서 1억 넘게 정부 지원을 받고 1년 만에 1억 원이 훌쩍 넘는 매출을 만들며 주식회사를 이끌어가는 중입니다. 갓 태어난 둘째와 한참 부모의 사랑을 원하는 첫째와 대부분 시간을 보내면서도 이런 성과를 낼 수 있었던 것은 이 책 전반에 걸친 콘텐츠 해킹 개념을 적용했기 때문입니다. 점점 더 가정에 충실하며 돈 버는 사업가들이 제 주변에 늘고 있습니다.

저와 아내는 가장 유명하고, 가장 부자 사업가는 아닙니다. 하지만 단언하건대 자녀와 가장 충만하고 행복한 시간을 보내는 사업가라고 말할 자신은 있습니다. 영리하게 콘텐츠를 활용해서 행복하게 돈 벌 수 있다는 믿음으로 출발했던 수년간의 연구와 실험의 결과물을 지금부터 모두 공개하겠습니다.

신태순

목차

PART 1

게을러도 돈을 만들 수 있는, 콘텐츠 기획법

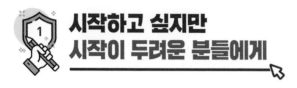

시작하고 싶지만 시작이 두려운 분들에게

'처음에 바로 당신이 원하는 곳으로 갈 수는 없겠지만, 당신이 지금 있는 곳에서 출발할 수는 있습니다.' 이는 콘텐츠를 쌓아놓은 게 없어서 콘텐츠 마케팅을 할 엄두가 안 난다고 하는 분께 하고 싶은 말입니다.

돌아보니 저는 글 기반으로 콘텐츠를 제작하는 게 어느 순간부터 편해져 있었습니다. 2009년, 처음 영업 일을 시작한 뒤 오프라인 미팅을 줄이고 온라인상에서 저를 브랜딩하기 위해 글쓰기 연습을 시작했습니다. 일단 글 한 편을 쓰고 나서 좋아하는 문체의 책을 읽고, 그 느낌으로 퇴고하는 게 제 연습법이었습니다. 되돌아보면 글쓰기가 처음부터 편했던 건 아니었습니다. 다만 훈련을 통해 어느 순간 익숙해지다 보니 처음부터 그랬던 것 같은 착각이 들었습니다. 그리고 지금은 글로 사람을 만나고 좋은 제안을 받고 돈을 버는 데 익숙해졌습니다.

글로 콘텐츠 제작하는데 익숙해 있다 보니 영상 콘텐츠를 만드는 사람을 보면 부러우면서도 비효율적이라고 생각했었습니다. 또 별도의

게으르지만 콘텐츠로 돈은 잘 법니다

홈페이지 없이 블로그나 네이버 카페만으로도 사업하는 데 지장이 없고 홈페이지를 직접 제작하는 것은 비효율적이라 생각했습니다. 2016년 중반까지는 그랬습니다.

하지만 현재는 가장 익숙해진 작업들인데 왜 그런 거부감을 가졌는지 떠올려봤습니다. 영상 하나 제대로 편집하는데 10시간 정도 걸렸던 기억이 납니다. 포기하고 싶었지만 끝까지 한번 만들었습니다. 그렇게 만들어진 영상은 5분 정도에 불과했습니다.

'5분을 위해서 10시간을 쓰는 게 맞는 걸까?'

영상만큼 비효율적인 콘텐츠는 세상에 없을 거라고 마음에 두터운 장벽을 세웠던 계기입니다. 2011년, 홈페이지를 만들어보겠다고 처음 워드프레스(세계에서 가장 많이 사용되는 홈페이지 제작툴 중의 하나)를 배웠습니다. 마음에 드는 테마를 고르는데만 1주일이 걸렸습니다. 놀라운 것은 테마를 구매하고 나면, 그보다 좋아 보이는 테마가 놀리듯이 나타났습니다. 하지만 결과적으로는 제대로 활용하지 못했고 당시에는 한국어로 구현하는 데 한계가 많았습니다. 워드프레스 설치 과정도 복잡했습니다. 설치 파일을 업로드하고, 알 수 없는 오류가 나면 몇 번이고 다시 깔아야 했습니다. 저렴하다는 해외사이트에서 도메인과 호스팅을 구매했지만 의사소통이 즉각 되지 않아 1주일을 꼬박 기다려야 하는 속 터지는 일도 많았습니다.

'역시 홈페이지 제작하는 건 너무 비효율적인 일이야.'

역시나 마음에 두꺼운 장벽을 세웠던 계기입니다. 그렇지만 정말 놀랍게도 지금은 전혀 그렇게 생각하지 않습니다. 영상과 홈페이지 제작을 직접 다 할 수 있는 게 얼마나 많은 일을 가능하게 해주는지 모릅니다. 자전거 페달을 처음 밟을 때가 힘이 가장 많이 들어가고 그다음에는 적게 힘을 줘도 속도가 유지되는 것처럼, 포기하지 않고 계속 영상과 홈페이지를 만들다 보니 페달 밟는 힘이 덜 들고 속도가 나고 있었습니다.

제가 그랬던 것처럼 많은 분들이 낯섦 때문에 새로 배우는 것을 경계합니다. 힘들어서 잠깐 거리 두기를 할 순 있지만, 포기하지 말고 꼭 다시 시작하라고 말씀드립니다. 그렇지 않으면, 1년 뒤, 5년 뒤 '그때 악착같이 붙잡고 할걸'이라며 후회하실 것 같아서입니다.

놀랍게도 그런 독려 끝에 포기하지 않고 계속 도전했던 분들은 유명 유튜버 혹은 유명 저자가 되거나 탁월한 사업가, 마케터가 되셨습니다. 그리고 자신만의 바닷가에서 유유히 헤엄치는 거북이처럼 살고 있습니다. 이번 챕터에서는 이분들이 저에게 도움이 되었다고 했던 3가지 메시지를 정리해봤습니다.

첫 번째, '새로운 시작은 언제나 어렵고, 여러 번 중단하는 건 자연스러운 일'이라는 말입니다. 많은 분들이 제가 컴퓨터를 잘 다루고 코딩을 잘할 거라 오해합니다. 저는 컴퓨터 기능의 10%도 이용 못 하고, 코딩도 못합니다. 요즘은 도메인을 살 때 워드프레스를 깔아주는 서비스를 해주니 설치가 예전보다 쉬워졌습니다. 유튜브에서 검색하면 검증된 테마를 금방 찾을 수도 있습니다. 영상을 보고 천천히 따라 만들면 되니까

게으르지만 콘텐츠로 돈은 잘 법니다

홈페이지 만들기도 쉬워졌습니다. 처음 도전할 때는 지쳐서 포기했지만, 계속 시도하다 보니 새롭게 터득하는 게 생겼고 더 쉽게 만들 수 있는 기술이 생겨났습니다. 포기했다가 또 도전하고 포기했다가 또 도전하는 사람은 더 쉽게 배울 기회와 환경을 남들보다 더 빠르게 찾게 됩니다. 저에게 홈페이지 제작이 그랬고, 영상 편집이 그랬습니다.

독자분들 중에는 네이버 블로그조차 낯선 분도 계실 텐데요. 자연스러운 일입니다. 이미 너무 잘하고 있는 분들과 비교할 필요가 전혀 없습니다. 그분들의 처음도 다르지 않았기 때문입니다. 잘하는 사람의 지금과 비교하지 마세요. 잘하는 사람의 첫 시작과 비교하세요.

다음으로 '시작하는 사람도 위대하지만, 끝까지 하는 사람은 더 위대하다.'는 말을 드리고 싶습니다. 콘텐츠를 제작하면서 다음과 같은 걱정하는 분들이 계십니다.

"제가 하고 싶은 주제로 누가 이미 유튜브를 시작했던데 어떡하죠?"

만약 그런 이유로 시작을 머뭇거렸다면, 오히려 더 빨리 시작해야 합니다. 본인이 먼저 만든 콘텐츠를 보고, 다른 누군가를 머뭇거리게 할 수 있으니까요.

한번 생각해 볼까요? 누군가 시작하지 않은 주제의 콘텐츠는 이제 온라인에 거의 없다고 해도 과언이 아닙니다. 그런데도 같은 주제로 콘텐츠는 계속 발행되고 있습니다. 서점에 가보면, 같은 주제의 책이 얼마나 많이 놓여있는지 볼 수 있습니다. 다음 달에 가면 또 그 주제로 새로운 책이 나와 있습니다.

그다음 달도 마찬가지입니다. 다루는 주제는 비슷하지만 그 안에 담기는 사례, 철학, 접근은 콘텐츠를 만드는 사람마다 다 다르고 독자의 입맛도 다릅니다. 그래서 계속해서 수요와 공급이 생깁니다. 유튜브 콘텐츠도 마찬가지이고요. 저는 '시작한 콘텐츠보다 끝나지 않은 콘텐츠가 더 위대하다.'고 확신합니다. 시작하고 얼마 안 가서 중단하는 사람이 90퍼센트 이상입니다. 그래서 내가 하고 싶은 주제로 콘텐츠가 이미 많은 게 진입하지 말아야 할 이유가 되지 않습니다. 먼저 시작한 곳보다 더 오래 만들 자신감으로 진입하면 됩니다. 내가 하고 싶은 주제로 먼저 문을 열지 못했어도 문을 닫는 것은 내가 할 수 있다면 그게 더 위대한 일입니다. '강한 사람이 남는 게 아니라, 남는 사람이 강한 사람'이 됩니다. 처음부터 강해져서 시작하는 사람은 없습니다. 일단 시작하고 끝까지 남는 것만 신경 쓰면 어느새 강한 사람이 됩니다.

마지막으로 '제대로 발을 담그기 전까진 절대로 모른다.'는 말입니다. 영상에 도전하면서 비효율의 끝을 경험했다 보니, 꽤 오래 영상을 멀리했습니다. 그러다 마음 한편의 찜찜함 때문에 영상을 끝까지 파고 들겠다고 마음먹고 오랜만에 도전했고 생각보다 잘 맞는 부분이 많았습니다. 쉽게 영상 편집을 할 수 있게 하는 유료 프로그램을 사용하다 보니 제작 시간이 줄었습니다.

화려한 효과도 수작업이 아니라 템플릿을 구매해서 적용하면 구현되는 게 많았습니다. 제대로 발을 담가 보니 시간을 절약할 수 있고, 원하는 영상을 표현하는데 최적화된 툴과 노하우가 보였습니다. 그렇게 반복하다 보니 제작 시간이 줄고, 기획에 좀 더 신경 쓰는 여유도 생겼습니다. 발가락만 담그고 있을 때는 물 온도를 제대로 알기 어렵지만, 몸까지 푹 담가보면 온도도 제대로 알고 잠깐 기다리면 온도에 금방 적응하게 됩니다. 아직 낯설고 어렵다면 아직 발을 제대로 담그지 않아서 일수도 있습니다. 정말 정복하고 싶은 게 있다면, 그게 뭐든 제대로 발을 담가보세요.

 콘텐츠 해커의 정리!

누구나 처음은 어렵고, 포기하고 싶은 마음이 들기 마련입니다. 지금 잘하지 못하는 것은 문제가 아닙니다. 잘하고 싶은데 어설프게 도전하고, 잘하는 사람과 비교하면서 자신을 괴롭히는 것은 문제입니다. 잘하고 싶은 게 있나요? 지금 바로 과감히 도전하세요. 여러 번 포기해도 괜찮습니다. 그때마다 다시 도전하면 되니까요. 누구나 다 그렇게 성장합니다.

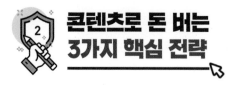

콘텐츠로 돈 버는 3가지 핵심 전략

"소셜 미디어에서 순전히 콘텐츠를 만드는 재능만으로 성공하는 사람은 약 1퍼센트뿐이다. 나머지 사람들은 자신이 만드는 콘텐츠를 관심 있게 봐줄 커뮤니티를 형성하기 위해 온갖 노력을 다해야 한다."

아마존 베스트셀러 작가, 사업가, 인플루언서 게리바이너척Gary Vaynerchuk이 한 말입니다. 페이스북, 트위터, 우버의 초기 투자자인 게리바이너척은 세계 소셜미디어 영향력 톱Top이라는 타이틀이 있습니다. 동네 와인가게에 불과했던 아버지의 사업을 세계적인 와인회사로 성장하게 한 사업가인데요. 자신이 가진 SNS 채널을 통해서 정기적인 콘텐츠 발행을 하면서 팬과 소통하며 여러 사업을 성장하게 하고 있습니다.

저 역시 이 분의 책과 영상을 통해 콘텐츠 마케팅에 대한 영감을 받았고 우리나라 정서에 맞게 실험해보며 크고 작은 성과를 내왔는데요. 그 내용을 바탕으로 콘텐츠 마케팅으로 돈 버는 데 필요한 3가지 메시지를 정리해봤습니다.

게으르지만 콘텐츠로 돈은 잘 법니다

먼저 압도적 콘텐츠가 필요합니다. 압도적 콘텐츠를 만드는 게 광고비를 아끼고, 브랜딩을 빠르게 구축하는데 가장 효율적인 방법입니다. 저 역시 7년 이상 압도적으로 많은 콘텐츠(글, 책, 음성, 영상)를 쌓아온 게 지금의 자유로운 생활을 가능하게 만들어주었습니다. 광고비를 써도 돈을 못 번다는 기업에게 지금 고객을 위한 정보성 콘텐츠를 쌓지 않으면, 점점 더 광고에 의존하게 되고 고정비를 줄일 기회는 더 멀어질 거라 경고도 많이 했습니다.

물론 당장 반응이 없을 것 같은 정보성 콘텐츠 제작에 회의적인 반응을 보이는 곳이 많았습니다. 시간이 지나서 보면, 여전히 과한 광고비로 허덕이거나 사업 중단 위기가 온 일도 있었습니다.

지금 고객을 위해서 만드는 콘텐츠 한두 개의 위력은 별 볼 일 없을 수 있습니다. 하지만 6개월, 1년 지속해서 발행되면 고객의 신뢰도는 급상승합니다. 구매하기 전, 3번 고민할 것을 1번 고민하게 만듭니다. 압도적인 콘텐츠로 이런 영향력을 만드는 기업과 그렇지 않은 기업은 생존 가능성 자체가 달라집니다.

지속적인 정보 수집에 유리한 내 전문 분야에서 고객이 쉽게 소화하도록 가공한 콘텐츠를 계속 발행하세요. 그게 쌓여서 압도적인 콘텐츠가 되면 제가 왜 이렇게 강조했는지 피부로 느끼실 겁니다. 고객이 돈을 내려고 줄을 서는 경험을 하게 될 테니까요. 당장 정기적인 콘텐츠 발행을 고민해보세요. 시간이 지나, 광고비 지출 내역을 보며 한숨을 내쉬지 않기 위해서 말이지요.

두 번째, 열심히는 기본이고 무엇보다 제대로 해야 합니다. 지속해서 콘텐츠를 압도적으로 만들기 위해서는 꼭 필요한 조건이 있습니다. 일단 만드는 사람이 콘텐츠 주제에 관심이 있어야 합니다. 그래야 관련된 공부도 재미있게 하고, 고객 관점에서 꼭 필요한 내용을 더 잘 생각할 수도 있으니까요. 에너지를 효율적으로 관리하지 않고 콘텐츠를 막 만들다 보면, 중간에 지치고 위기가 옵니다. 그래서 저는 에너지 관리를 위해서 감사 일기를 쓰거나 명상하는 습관을 추천합니다.

그런데도 열정만으로 불꽃처럼 콘텐츠를 생산하며 만족하는 분도 계십니다. 속도가 빨라 보이는 것에 뿌듯함을 느껴서 에너지 관리를 제대로 못하고 중단하게 되는 경우가 가장 안타깝습니다. '압도적' 콘텐츠를 '지속적'으로 만드는 건 결코 열정과 결심만 가지고 되는 일이 아닙니다.

'원래 이렇게 힘들게 만들어야 남들이 알아주는 거지'라며 매일 벼락치기 시험 보듯이 콘텐츠를 만들고 있다면 잠깐 멈춰서 자신을 돌아볼 때입니다. 앞을 안 보고 땅만 보고 무섭게 돌진만 하는 건 아닌지 체크할 필요가 있습니다.

세 번째, 판매를 위한 콘텐츠만 만들지 않습니다. 콘텐츠를 만드는 이유가 고객이 당장 내 상품을 구매하게 만들기 위해서라 생각하는 분이 많습니다. 저도 과거에 그랬고, 현재 제 주변에도 콘텐츠 마케팅을 그렇게 착각하고 콘텐츠에 관심을 가지시는 데요. 이 방식은 사업을 오래 지속시키지 못 합니다. 고객에게 정보와 즐거움을 주지 못하고, 결과에 집

16394	무료 메일 코스 7일차 후기 [1]
16393	무료 코스 메일 6일차 후기 [1]
16388	무료코스 6일차 "외부가 아닌 나로부터 시작하는게 무자본창업의 핵심입니다 [1]
16384	무료코스 5일차, "변화를 만드는 사람들의 뜻밖의 특징" [2]
16383	프리코스 1,2일차 후기 [2]
16381	무료 코스 메일 1일차 후기 [1]
16366	무료 코스 메일 5일차 후기 [2]
16364	무료 코스 메일 4일차 후기 [2]
16357	무료코스 4일차 "창업동기만 가지고 창업하면 안됩니다." [2]

1483	콘습/동청미녀 /생글 [1]
1482	햇반76일차생글 [1]
1481	[콘텐츠습관] 자유리 149일차 / 글쓰기 미션
1479	[콘텐츠 습관] 문진혁 81일차/15분미션/~0411 [1]
1478	햇반 75일차 생글 [2]
1473	[콘텐츠 습관] 글쓰기 미션 자유리148일 미션 /글쓰기 미션
1471	햇반 74일차 생글 [1]
1470	햇반 73일차 생글 [1]
1469	콘습 하니/63회차/팟캐스트/0409 [2]

고객들과 카페에서 소통하는 실제 모습

착하기 때문이에요.

콘텐츠에서는 최대한 정보를 전달하고 그다음 단계가 궁금한 고객들과 소통할 수 있는 커뮤니티나 채팅방으로 연결되게 하세요. 제가 만든 콘텐츠들은 온라인에서 바쁘게 정보를 전달하며 돌아다닙니다. 콘텐츠 그 자체로 가치가 있는 정보일 때 사람들은 더 많이 주변에 공유합니다. 그런 콘텐츠를 보다가 그다음이 궁금해진 분은 네이버 카페 커뮤니티로 오시면 저와 소통하고 회원 등급을 분류해서 소통하는 노력을 하고 있어요.

SNS만 가지고 연에 수백억 원을 버는 남자로 유명한 게리바이너척, 그는 지금도 사람들과 직접 소통하는 것으로 유명합니다. 온종일 소통하는데 시간을 다 쓴다고 해도 과언이 아니겠지요? 세계적으로 유명세를 치르고 있는 게리바이너척도 소통에 시간을 기꺼이 투자합니다. 소통 없이 대박 콘텐츠로 큰돈을 벌 수 있다고 생각하면 이 과정은 재미도 없고 차별화된 느낌을 전달하기도 힘듭니다. 수백만 명의 구독자를 확보한 그도 첫 출발은 0명의 구독자였습니다. 학점은 매번 F를 받았지만 자신이 꾸준히 잘 만들 수 있고 소통할 수 있는 주제로 콘텐츠 발행을 하고 소통하기 시작했고, 덕분에 상상할 수 없는 명성과 부를 쌓았습니다.

이 말처럼 쉬우면 누구나 다 성공했을 거라는 분도 계실 텐데요. 단언하건데 상상 초월한 성공을 하고, 자유를 누리면서 사는 사람들은 모두 이 방식으로 성공했습니다. 그리고 말처럼 쉬운 일이 아닙니다. 주변에

이 방법을 여러 명에게 알려드렸지만 꾸준히 하는 분들은 0.1퍼센트도 되지 않으니까요. 이 책을 선택한 남다른 안목을 가진 독자님도 한번 도전해보세요.

 콘텐츠 해커의 정리!

압도적인 콘텐츠를 만들 수 있으려면 내가 좋아하고 배우고 싶은 분야로 선택하면 좋습니다. 동시에 콘텐츠 만드는 것을 점점 쉽게 할 수 있는 방향이 더 없는지 안테나를 세우고 계세요. 마지막으로 콘텐츠 내용을 바탕으로 고객과 소통하며 커뮤니티를 성장시켜 가면 됩니다. 더 자유롭고 행복하게 돈 벌게 될 독자님들을 응원합니다. 이 책을 끝까지 읽어보시면 그 꿈이 한결 가깝게 느껴지실 거예요.

콘텐츠로 돈 번 사람도 잘 모르는
나만의 콘텐츠 주제 찾는 법

콘텐츠 주제나 창업아이템에 대한 고민이 있는 사람에게 성공한 사람들은 흔히 다음과 같이 말합니다.

"당신이 가장 잘하는 것으로 시작하면 됩니다."

"당신이 가장 관심 있는 것으로 시작하세요."

그럴듯한 말이지만 사실 이런 말은 하나 마나 한 가이드입니다. 그렇게 하기 싫어서 안 하는 게 아니니까요. 내가 진짜 관심 있는 분야가 뭐고 정말 좋아하는 게 도대체 뭔지 확신이 안 서는 게 문제지요.

그런 가운데 '도대체 어떤 아이템으로 돈 벌고 무슨 주제로 콘텐츠를 만들까?' 매일 고민하는 분이 이 책을 펼치셨을 겁니다. 이런 고민을 몇 년씩 하신 분도 계실 텐데, 이 책을 다 보시면 조금 홀가분해지는 느낌이 드실 겁니다.

'좋아하는 일', '잘하는 일'로 시작하라고 말했던 사람들은 사실 자기도 모르게 거짓말을 한 것입니다. "수많은 멘토분들을 지금 거짓말쟁이 취급하는 거냐?"라고 말씀하실 수 있는 데요. 끝까지 제 이야기를 들어 봐 주세요. 그분들에게 물어보면 정말로 좋아하고 잘하는 일로 돈을 벌었다고 말합니다. 그런데 제가 왜 거짓말이라고 했을까요?

어느 날 돈을 벌고 있는 자신을 돌아보니 마침 그 일을 좋아하고 있었고, 그러다보니 자기처럼 좋아하는 일로 돈을 벌라고 말했던 것입니다. 지금 좋아하는 일로 돈 벌고 있는 것은 맞지만 처음에 시작했던 일은 지금과 다른 일이었거나 방향이 많이 바뀌어있는 상황일 겁니다. 그래서 좋아하고 잘하는 일로 시작하고 돈을 벌라고 말하는 건 위험한 가이드입니다. 그걸 확실히 알고 시작했던 사람은 정작 아무도 없고, 뭐든 시작했던 사람들이 자신이 잘하는 것을 발견했습니다. 그런데 저런 가이드 때문에 좋아하고 잘하는 아이템이 하늘에서 뚝 떨어지기 전까지 아무도 시작을 하지 못하는 저주에 걸린 사람들이 많습니다.

우리는 스스로 길을 묻고 스스로 답하면서 내 인생을 꾸려오지 않았습니다. 매년 나이를 먹을 때마다 사회가 제공한 공통 과제의 답을 찾느라 바빴고, 나의 확신보다는 주변 사람의 인정에 기대어 살았습니다. 스스로 길을 묻고 찾아온 시간이 없었다가 이제 처음 그 일을 시도하려는 중이십니다. 그런데 그게 쉽게 되는 게 이상한 일 아닌가요? 스스로 길을 찾을 수 없는 상황이고, 심지어 길을 잃은 상황이라는 것을 뼛속까지 인정해야 합니다. 길을 잃었으면 어떻게 해야 할까요? 지도를 펼쳐서 가장 먼저 무엇을 해야 하나요? 바로 지도 위에서 나의 위치를 찾는 것입니다. 내가 지금 어디에 와 있는지 어떻게 가는 중인지 알기 위해서 일단 내 인생을 기록해야 합니다. 내가 과거에 무엇을 하면서 헤맸고, 지금은 무엇을 하면서 헤매고 주로 무슨 생각을 하는지 이런 것들을 기록하는 게 바로 나의 위치를 찾아가는 일입니다.

이런 노력을 하지 않고 나에게 잘 맞는 콘텐츠 주제를 찾고 있다면, 출발점이 어딘지도 모르면서 지도에서 목적지를 찾는 거나 마찬가지고 침이 없는 나침반을 들고 길을 찾는 것과 같은 일입니다. 나에 대한 기록은 출발점을 알려주고, 나침반에 침을 심어주는 역할을 합니다.

지금 바로 시작할 콘텐츠의 주제는 그래서 지금 내가 하고 있는 모든 것의 기록이 될 수 있습니다. 모든 것을 기록하는 것은 불가능하니 그중에서 가장 쉽게 할 수 있는 것부터 기록합니다. 지금 제 책을 보고 계시는군요. 그럼 이 책의 인상 깊은 챕터 몇 개를 골라서 새로 알게 된 내용과, 삶에 적용할 것을 여러 개 기록해보세요. 오늘 내가 한 것의 기록을 남기는 게 가장 쉽고 당장 시작하기 좋은 콘텐츠 주제입니다.

물론 나의 위치를 알기 위해 기록하는 일이 당장 돈을 벌어주는 일이 아닐 수 있습니다. 하지만 지금 기록하는 연습을 해야 나중에 돈 벌 수 있는 주제를 찾았을 때, 여유롭게 돈을 벌 수 있습니다. 지금을 콘텐츠로 기록하는 단순한 콘텐츠 제작 연습은 나중에 큰돈 벌어야 할 때, 겪어야 할 시행착오를 줄여 줍니다. 나중에 정말 운명의 주제를 만났는데 콘텐츠 제작이 익숙지 않으면 좋아하는 주제도 싫어지게 되는 상황이 벌어집니다.

짧은 시간에 유튜브 70만 구독자를 달성한 '신사임당 채널'은 이전에 여러 번 유튜브 실패 경험 이후 탄생했습니다. 잘 될 것 같은 콘텐츠 주제로 잔뜩 힘을 주고 시작했지만 모두 오래 가지 못했습니다. 결국 힘을 빼기로 했습니다. 그리고 자신이 느끼고, 공부하고 진행하는 사업에 대해 일기처럼 기록하는 것부터 영상을 찍었습니다. 그러던 중 스마트스토어 창업하는 법을 알려주는 시리즈물이 인기를 끌었고 지금은 인터뷰 주제까지 영역을 확장하면서 성장 속도가 더 빨라지고 있습니다.

이 분은 지금 자신이 좋아하고 잘하는 일로 돈을 벌고 있지만 그것은 처음에 생각했던 주제가 아닙니다. 좋아하고 잘하는 것을 완벽히 결정하는 것은 어렵고, 그렇더라도 잔뜩 힘이 들어가고 욕심이 생겨서 오래 지속하지 못합니다. 당장 쉽게 바로 할 수 있는 것, 특히 나를 기록하는 것부터 시작해서 나의 위치를 인지할 때 콘텐츠 방향을 조정해 갈 수 있는 힘도 생깁니다.

기록을 하다 보면 지루한 순간도 옵니다. 그럼 그 기록에서 힌트를 얻어서 당장 쉽게 할 수 있는 주제를 선정해서 주제를 확장해보세요. 엄청난 시행착오를 겪을 것입니다. 그 또한 기록으로 남기세요. 그래야 시행착오를 바탕으로 성장할 기회를 잡습니다. 성장하는 가운데 또 바로 쉽게 도전할 수 있는 주제로 시작하세요. 이전의 시행착오 덕분에 좀 더 영리하게 시작할 수 있고, 이전에 없던 약간의 여유도 생겼을 것입니다. 이 과정 또한 기록하세요. 그러다가 또 쉽게 바로 할 수 있는 주제를 선택해서 도전하세요. 이제는 같이 해보자는 사람이 나타날 수도 있습니다. 생각은 더 깊어지고 행동은 이전보다 더 빨라집니다.

이렇게 지속할 수 있는 것과 못하는 것을 기록하고 인지하다 보면 어느새 내가 좋아하고 잘하는 주제의 콘텐츠를 만들고 있는 모습을 만나게 됩니다. 거기서 끝나도 되지만 이 과정을 반복하면 내가 더 좋아하고 잘하는 주제를 찾으며 성장하는 재미를 계속 누릴 수 있습니다.

꼭 기억하세요. 처음부터 100퍼센트 좋아하고 잘하는 주제에 대한 확신을 가진 채 시작하는 일은 벌어지지 않습니다. 현재를 기록하는 가장 쉬운 것부터 일단 시작하고, 더 잘하고 좋아하는 것을 하나씩 발견하겠다는 인식만 하고 계세요. 좋아하고 잘하는 일은 도전할수록 계속 바뀝니다. 지금 좋아하는 일보다 더 좋아하는 일이 생기고, 지금 잘하는 것보다 더 잘하는 게 반드시 생깁니다. 혹여나 주변에서 '방황 좀 그만하고 정착하라'는 말을 들어도 신경 쓰지 마세요. 도전하는 사람을 보고 부러울 때 하는 말입니다. 주변의 시선을 의식하며 평생을 살아왔던 사람이 자기 삶을 제대로 알려고 할 때, 흔들리고 방황하는 일이 없다면 오히려 제대로 못 하고 있는 겁니다. 흔들리고 계신가요? 아주 잘하고 계신 겁니다. 이제 기록을 통해서 흔들림을 스스로 통제할 수 있는 사람이 될 수 있습니다.

콘텐츠 해커의 정리!

좋아하고 잘하는 주제로 콘텐츠를 만들고 싶은데 확신이 없어서 시작을 못 하시나요? 그렇다면 자신의 현재를 기록하는 콘텐츠부터 만드세요. 매일 경험한 내용, 배운 내용, 감사한 내용, 불편했던 내용을 관찰하세요. 그 과정에서 당장 할 수 있는 주제 중 가장 쉬운 주제로 콘텐츠로 만들고 그 과정을 또 기록하세요. 이 과정을 몇 번 더하고 나면 좋아하고 잘하는 콘텐츠를 만들면서 돈 벌 수 있는 단계에 와 있는 자신을 발견하게 됩니다. 꼭 기억하세요. 처음부터 좋아하고 잘하는 주제로 확신을 하고 시작할 수 있는 사람은 없습니다. 독자님은 오늘은 어떤 기록을 남길 예정이신가요?

'왜 내 글은 사람들이 안 읽을까?' 고민될 때 6가지 체크포인트

"저도 콘텐츠 꾸준히 만들어 홍보도 하고, 돈도 벌고 싶어요! 근데 뭐부터 시작할지 모르겠어요."

저는 그런 분들에게 "블로그 포스팅부터 익숙해지세요."라고 말씀드립니다. 그러면 "제 글은 사람들이 안 읽더라고요." "용기 내서 겨우 썼는데 사람들이 안 봐서 더 의기소침해져요."라고 말하곤 합니다. 이런 경우 다음 3가지 관점에서 볼 필요가 있어요.

먼저, 채널(팬)이 없는 상황입니다. 한두 달 열심히 글을 써도 팬을 만들기는 어렵습니다. 1년은 꾸준히 한 가지 주제로 글을 써야 진정 팬이라고 할 수 있는 분들이 나타납니다. 1년도 하지 않았는데 사람들이 내 글을 읽지 않는다고 서글퍼하는 것은 이른 판단입니다.

두 번째, 심리적 장벽이 있는 상황입니다. 처음에는 편하게 글 쓰는 게 쉽지 않습니다. 누군가를 계속 의식하고, 힘이 많이 들어갑니다. 그래서 겨우겨우 썼지만 어색하고 잘 안 읽히지 않는 글이 됩니다. 처음 찾아가는 길은 스마트폰 내비게이터를 봐도 찾기 힘들 수가 있습니다. 하지만 두 번 세 번 찾아가면 나중에는 눈 감고도 찾아갈 정도가 됩니다. 글도 마찬가지입니다. 처음에는 애써서라도 글을 계속 쓰면 어느새 힘이 빠지는 순간이 옵니다. 그때는 남을 의식하지 않고 내가 진짜로 쓰고 싶은 글이 나오고, 사람들의 반응도 생깁니다.

세 번째, 모바일 사용자에 대한 이해가 부족한 상황입니다. 꾸준히 글 쓰고, 꽤 자신 있게 쓰는 단계가 되었는데도 반응이 없는 분이 처해있는 상황일 수 있습니다. 우리나라의 경우 이미 2012년에 모바일에서의 검색량이 PC의 그것을 2배 이상 앞질렀습니다. 이런 변화를 인지하지 못한 채 글만 열심히 쓰면 반응이 없겠지요. 그래서 이번 챕터에서는 모바일 사용자가 내 글을 읽고, 반응하게 하는 팁에 대해 말씀드려 볼게요.

첫째, 모바일 사용자의 특성은 다릅니다. 모바일로 인터넷 서핑을 하는 사람들은 책을 읽을 때와는 전혀 다른 특성을 보입니다. 연구 결과에 따르면 웹에서 글을 한 자 한 자 읽는 사람은 16퍼센트에 불과합니다. 포스팅하는 사람은 한 땀 한 땀 씁니다. 하지만 읽는 사람은 자신에게 필요한 키워드 위주로 파악한다는 이야기입니다. 다른 볼 것도 밀려 있고 시간도 없기 때문이지요. 한 땀 한 땀 글을 쓰는 분들조차도 모바일에서 글을 읽을 때는 한 땀 한 땀 읽지 않는다는 것을 기억하세요. 한눈에 한 페이지 전체가 눈에 들어오는 모바일 환경과 스크롤 한 번에 한 페이지가 다 넘어가는 속도에 우리도 모르게 익숙해져 있습니다. 이 부분에 대한 이해를 바탕으로 다음 팁들은 실타래 풀리듯 풀립니다.

둘째, 결론을 앞에 쓰세요. SNS에서 공유된 제목을 보고 궁금해서 블로그로 들어온 사람이 결론에 해당하는 이야기를 초반에 빠르게 찾지 못하면 그 페이지를 쉽게 이탈합니다. 한국말은 끝까지 들어야 안다고 하지요. 항상 결론에 해당하는 동사가 뒤에 나옵니다. 이런 한국어의 습성을 포스팅에도 반영하지는 않나 점검해보세요. 중요한 문장을 글의 처음으로 가져오는 것은 연습으로 금방 익숙해지는 것을 확인했습니다. 결론에 해당하는 내용, 전체 내용을 짐작할 수 있는 글을 초반에 써야 글이 스캔이라도 당합니다. 블로그 방문자의 입장이 되어서 처음 만나게 될 나의 포스팅 첫 번째 2~3줄을 읽어보세요. 그리고 이런 질문을 해보세요.

"내가 이 페이지에서 얻을 것이 있는가?"

"이 페이지는 내게 무엇을 주려고 하는가?"

이 부분이 초반에 파악되면 잘 반영하신 것입니다.

셋째, 무조건 쉽게 쓰세요. 어제 책에서 만난 현학적 표현을 오늘 글쓸 때 써먹지 못하면 답답해 미칠 것 같아도 참아주세요. 그 단어를 쓰면, 읽는 사람이 미친 듯이 내 글을 스킵할 테니까요. 사람들은 내가 얼마나 어려운 단어를 쓰는지, 얼마나 한자를 많이 아는 지가 관심사가 아닙니다. 어려운 표현이 반복되면 방문자에게 스트레스만 유발합니다. 나의 어려운 표현들은 캡틴 아메리카의 방패처럼, 페이지에 들어온 방문자를 모조리 튕겨 내버립니다. 그리고 있어 보이려던 내 노력은 차가운

무관심 속에 갇혀 있다가 캡틴 아메리카처럼 75년 뒤에나 발견될지도 모릅니다.

넷째, 소제목을 사용하세요. 소제목을 붙여서 문단을 나누고 소제목들만 보고도 전체 내용을 파악할 수 있게 하세요. 소제목에는 각 문단의 내용을 잘 함축한 키워드를 포함시킵니다. 또한 불릿 포인트(글머리 기호)를 사용해서 나열된 정보를 전달하는 것도 스캔에 도움이 됩니다. 강조해야 되는 문장들은 다음의 것들을 해봅니다.

-하이라이트 표시

-폰트 조정

-굵기 조정

이런 것들로 돋보이게 하는 것도 좋은 방법입니다(불릿 포인트를 사용해봤어요).

저는 지금 책을 집필하면서 노트북 PC 화면을 보고 있습니다. 글 쓸 때는 보통 저처럼 컴퓨터를 사용하는 분들이 많으실 텐데요. 그럴 땐 의식적으로 문단을 더 자주 나눠주세요. 컴퓨터 화면에서의 한 줄은 모바일로 볼 때 2~3배 더 많은 줄로 보일 테니까요.

다섯째, 소비자가 사용하는 단어를 쓰세요. 사업하는 분들은 자기 제품 분야에서 전문성이 뛰어나지만 그 때문에 가려지는 시야도 있습니다. 일례로 시계 업체에서는 '남성시계'라는 단어를 사용하는 게 일반화되어있습니다.

하지만 고객들은 검색할 때, 주로 '남자시계'를 사용합니다. 티쏘라는 회사는 그래서 '남성시계'라는 단어를 쓰지 않고 '남자시계'라는 단어를 주도적으로 사용했습니다. 그래서 남자시계가 연관검색으로 뜨고, 매출 상승에도 주효했습니다. 이런 아이디어는 업계마다 얼마든지 적용해볼 수 있습니다. 쇼핑몰 상품을 보다가 '아동 모자'라는 상품설명이 눈에 띄어서 구글트렌드로 비교검색을 해봤는데요.

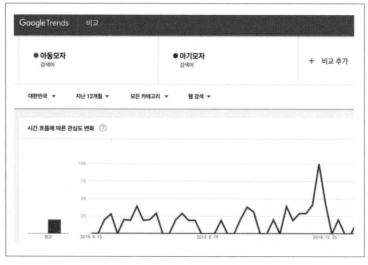

아동모자 VS 아기모자

'아동 모자' 검색 량은 거의 없고, '아기 모자' 검색 량이 월등히 많습니다. 분명 아기와 아동의 의미가 구분되는 부분이 있지만, 이왕이면 소비자들이 주로 검색하는 단어인 '아기 모자'를 포함시키는 게 좋겠지요. 고객이 어떤 단어로 검색하는지 전혀 신경 쓰고 있지 않을 때, 경쟁사는 이

게으르지만 콘텐츠로 돈은 잘 법니다

런 것들을 미리 파악하고 그 키워드로 포스팅을 하고 있을지 모릅니다.

　이상, 내 글에 반응하는 사람이 적다고 느끼는 분을 위해서 모바일을 염두에 둔 포스팅 방식을 정리했습니다. 기업으로서도 모바일 사용자에 대한 이해를 바탕으로 콘텐츠를 발행할 때 매출 증대의 기회를 잡을 수 있겠죠? 초반에 반응이 없는 것은 자연스러운 일이니 이 내용을 바탕으로 계속 업그레이드해보세요.

 콘텐츠 해커의 정리!

블로그에 한 주제의 글을 성의껏 오래 써왔는데도 반응이 없어서 답답하신가요? 모바일 사용자의 관점을 염두에 두고 콘텐츠를 발행해보시면 확실히 반응이 달라질 거예요! 편하게 생각나는 대로 포스팅에 적용해보세요.

콘텐츠 백만 개 만드는 새로운 접근법

사람은 멀티태스킹이 가능할까요? 불가능할까요? 연구에 따르면 멀티태스킹이 불가능하다고 합니다. 동시에 하는 것처럼 보일 수 있지만 사실 뇌는 계속해서 업무전환을 하느라 스트레스를 받는다고 합니다.

"우리의 뇌는 멀티태스킹을 잘할 수 없도록 만들어졌다. 사람들이 멀티태스킹을 수행할 때, 실제로는 단지 한 가지 일에서 다른 일로 매우 빨리 전환할 뿐이다. 그리고 그들이 매번 멀티태스킹을 할 때마다 '인식의 비용'이 든다."라고 MIT 뇌신경학자인 얼 밀러Earl Miller는 말합니다. 과한 업무Task를 동시에 소화하거나 성격이 다른 업무를 연속해서 다루면 우리는 금방 에너지가 소진되고 맙니다. 최대한 에너지를 아끼기 위해서 저는 다음 3가지 방법을 사용하고 있습니다.

1. 아주 잘게 업무를 쪼개서 처리한다.
2. 반복 작업+트리거를 통해 의식에 드는 에너지를 줄인다.

3. 성격이 다른 업무 간 붙어있는 시간 간격을 넓힌다.

(예를 들면, 성격이 다른 업무 사이에 잠을 자거나 요일을 바꾸는 것)

저는 동시에 여러 카테고리에 있는 창업자분들의 고민이 한꺼번에 들어오는 경우가 많고 각각에 맞춰 콘텐츠를 기획하는 일이 많습니다. 저처럼 동시에 여러 종류의 업무를 책임져야 되는 분들에게 도움이 되는 가이드입니다.

그럼 먼저 '잘게 쪼개진 업무로 멀티태스킹'하는 법에 대해 설명하겠습니다. 저는 거의 10년간 매일 글을 써왔습니다. 그 힘으로 2015년부터 꾸준히 출판도 하고 있습니다. 처음 집필할 때는 각 잡고 앉아서, '책 써야지!'라고 마음 먹고 엉덩이만 의자에 붙이면 책이 써지는 줄 알았습니다. 나름 글쓰기 연습을 꾸준히 했던 터라 자신도 있었습니다. 사람 만나고, 집안일을 하면서도 나머지 시간이 많으니 그 시간에 몰입하면 책 쓰는데 영향이 없을 거라 생각했습니다. 하지만 놀랍게도(혹은 당연하게도) 책이 안 써졌습니다. 각 잡고 쓰는데, 도저히 읽기 민망한 글들이 화면에 굴러다니고 있었습니다.

'이렇게 시간도 많은데 도대체 뭐가 문제일까?'

멀티태스킹하고 있으면서 전혀 에너지 낭비를 안 한다고 믿었던 게 주원인이라는 결론을 내렸습니다. 그래서 저는 여러 다양한 업무를 진행하는 가운데도 책을 잘 쓰기 위해서 책 쓰는 단계를 쪼개기 시작했습니다. 책 쓰기로 업무를 전환할 때 드는 에너지를 최소화하는 시도였습니다.

첫 번째, 책에 들어갈 목차 브레인스토밍하기

두 번째, 각 목차에 사용될 수 있는 사례 찾기

세 번째, 각 목차의 개요를 짜고, 기승전결로 간략한 메모하기

네 번째, 사례, 키워드를 개요에 따라 배치하며 가이드라인 짜기

다섯 번째, 가이드 라인을 따라서 가볍게 초안 작성하기

여섯 번째, 입으로 읽고 어색한 부분 수정, 불필요한 부분 삭제하기

일곱 번째, 오·탈자 검토, 목차별 강조하고 싶은 내용 추가하기

여덟 번째, 다음 장으로 넘기고 싶은 궁금증이 유발되는지 보면서 수정하기

이런 식으로 책 쓰는 게 아니라 쪼개진 업무 중 하나를 한다고 생각했습니다. 그래서 가끔은 예능을 보면서도 쪼개진 업무를 처리할 수 있었고, 아기를 돌보면서도 처리할 수 있는 업무들이 늘어났습니다. 예를 들어, 사례를 찾는 것, 사례와 키워드를 개요에 따라 배치하는 것, 입으로 읽고 어색한 부분 점검하는 것들은 의식적인 개입이 덜한 편이기 때문입니다.

어쩔 수 없이 멀티태스킹을 해야 하는데 효율이 안 나서 걱정인 분들은 동시에 해야 하는 업무 중 잘게 쪼갤 수 있는 부분이 있다면 최대한 나누어서 정리하고 관리해보세요. 스트레스를 줄이고 성과를 높일 수 있습니다.

다음으로 '반복 작업 및 트리거Trigger를 이용하는 멀티태스킹' 방식에

대해 설명하겠습니다.

"그렇게까지 하면서 멀티태스킹을 해야 할까요?"

아닙니다. 하지 않아도 괜찮습니다. 다만 저는 지금 굳이 멀티태스킹을 해야 하는 분에게 필요한 내용을 다루고 있습니다. 사업 초기 많은 직원을 두지 못하고 스스로 처리할 게 많은 사장님, 스타트업 멤버, 프리랜서, 부업하는 분, 직장에서 멀티 업무를 맡고 계신 분들은 멀티태스킹이 비효율적이라는 것을 알아도 하지 않으면 불안해질 수 있습니다. 수익과 직결되기도 하기에 어떻게든 더 나은 방법을 찾으려고 노력하실 거고요.

저도 그런 사람이었습니다. 그래서 앞서 말씀드린 대로 업무 쪼개는 방식을 삶에 적용했던 것이고요. 제 업무 중 하나는 매주 무자본 창업 아이디어 문서를 10페이지 이상 제작하는 것이었습니다. 이를 3년간 한 번도 빠짐없이 지속하다 보니 초반에는 100만큼 에너지가 들었다면 나중에는 10~20 정도로도 비슷한 수준의 문서를 제작할 수 있게 되었습니다. 오래 반복하면서 쉽게 제작하는 패턴을 매번 고민했기 때문입니다. 그리고 그 과정에서 손에 익은 작업들은 무의식적으로 수월하게 진행되었습니다.

반복해서 지속하는 행위 덕분에 내 업무를 쉽게 할 수 있는 환경이 조성되고 몸이 익숙해지면서 힘든 업무가 점점 쉬워진 것입니다. 쪼개진 업무를 반복하면서 뉴런들도 새롭게 길을 텄고 비포장도로를 오가는 것 같던 업무 전환 속도가 아우토반 위에 오르기 시작했습니다. 저처럼 반복 작업을 하면서 멀티태스킹에 익숙해지기로 했다면, 추가로 고려할 게 있습니다. 바로 트리거를 만드는 것입니다. 파블로프의 개를 떠올리면 쉽습니다. 종을 울릴 때마다 개에게 밥을 주는 유명한 실험이지요. 이를 반복하면 나중에 어떤 일이 벌어지나요?

첫 번째, 개가 살이 찝니다.

두 번째, 종을 울리기만 해도 파블로프의 개는 침을 흘립니다.

저는 기꺼이 파블로프의 개가 되기로 했습니다. 그래서 책을 쓸 때 반복해서 듣는 음악을 정했습니다. 사업 문서를 만들 때 듣는 음악, 강의 전에 듣는 음악, 운동할 때만 듣는 음악, 명상할 때만 듣는 음악이 있습니다. 어차피 반복해야 하는 일들인데 그때에 어울리는 음악을 같이 반복해서 들으면서 트리거 역할을 하도록 만든 것입니다. 물론 이 책을 쓰는 순간에도 제게 필요한 음악을 들었습니다. 멀티태스킹이 '좋다 나쁘다'라고 말씀드릴 수는 없지만, 어차피 해야 되는 상황이라면 그 상황을 활용할 수 있는 방법을 계속 찾을 수 있습니다.

마지막으로 설명드릴 것은 '성격이 다른 업무 간의 시간 간격 넓히기'입니다. 복잡한 하나의 업무를 성격이 다른 것들로 쪼개고, 그 업무들 사이에 시간적인 여유를 넣으세요. 하루에 비슷한 성격의 업무들만 처리하는 스케줄을 만들어서 그 날의 업무 성격을 정할 수 있습니다.

예를 들면, 월요일에는 책에 들어갈 사례 수집, 화요일에는 개요 짜기, 수요일에는 가이드라인 잡기, 목요일에는 초안 쓰기 이렇게 쪼개진 업무들을 하루 단위로 배치합니다.

쪼개진 업무의 성격에 따라 처리하는 요일과 시간대를 정했습니다. 그리고 책 쓰기 이외의 업무 중에 비슷한 성격의 것들을 같은 날 배치해서 처리합니다.

예를 들어 책 쓰기에 필요한 사례와 정보 수집을 하는 날에는 유튜브 제작에 필요한 정보도 수집하면 비슷한 성격의 업무를 몰아서 할 수 있습니다. 책 쓰기 개요를 짜는 날에는 유튜브 영상 개요를 짜면 됩니다. 이렇게 같은 성격을 가진 일들을 몰아서 에너지 전환에 드는 낭비를 줄일 수 있습니다.

예를 들어 유튜브 영상을 제작한다면, 기획, 촬영, 편집, 업로드, 홍보를 해야 합니다. 이것들을 한 번에 진행하면서 다른 잡무까지 병행하면 멀티태스킹 스트레스를 받습니다. 그래서 하루는 촬영 주제 기획 아이디어만 뽑아냅니다. 다음날은 기획한 아이디어를 바탕으로 대본을 여러 개 짭니다. 그 다음 날 대본을 가지고 영상을 몰아서 여러 개 찍습니다. 다음날에는 영상 편집만 합니다. 그 다음 날은 업로드하고 예약하고 홍보만 합니다.

블로그 포스팅도 비슷한 방식으로 업무를 쪼갤 수 있고, 성격이 비슷한 유튜브 제작 업무와 묶어서 같은 요일에 배치하면 됩니다. 저는 다양한 형태의 사업체를 코칭하다 보니, 어쩔 수 없이 멀티태스킹을 해야 했고 에너지 낭비를 하기 위해서 이런 전략을 사용할 수밖에 없었습니다. 만약 어쩔 수 없이 다양한 주제의 콘텐츠와 채널을 다뤄야 하는 독자님이 계신다면, 멀티태스킹에 드는 에너지를 저처럼 관리해보세요. 훨씬 업무 효율이 높아질 테니까요.

 콘텐츠 해커의 정리!

막대 위에서 접시 10개가 동시에 돌아가고 있는 서커스를 보면 입이 떡 벌어집니다. 접시 10개를 한 번에 올리는 식으로는 불가능한 일입니다. 하나씩 막대에 접시를 올리다 보면 10개가 동시에 돌아갑니다. 처음부터 하나씩 올리는 것에만 집중하고, 떨어지지 않게 약간씩 조정해서 가능한 일입니다. 어설픈 멀티태스킹은 10개 접시를 한 번의 시도로 막대에 올리려다 다 깨뜨리는 것과 마찬가지입니다.

지금 돌리려는 접시의 크기는 내가 감당할만한지, 한 번에 관리할 수 있는 접시는 몇 개까지인지, 더 빠르게 올리기 위해 어떤 훈련을 해야 하는지 고민할 때, 10개 접시를 돌리면서도 깨뜨리지 않는 멀티태스커가 될 수 있습니다. 하고 있던 업무나 미션을 잘게 쪼개서 처리해보세요. 멀티태스킹하면서 받던 스트레스가 사라질 테니까요.

개인뿐 아니라 프랜차이즈의 성공도 콘텐츠 마케팅에 달렸다

'창업비용 1000만 원 지원, 가맹비 할인'

이 같은 문구를 보면 엄청난 지원이라는 생각이 들면서도 저는 우려의 마음이 먼저 올라옵니다. 힘들어서 제 강의에 왔던 분 중에서도 이런 문구에 마음이 흔들려서 창업 아이템을 바꿔버렸다는 분이 많이 계셨습니다. 관심도 없고 잘 알지도 못하는 업종으로 말이지요.

파격적으로 보이는 창업 지원은 시작을 가볍게 만들어 주지만 얼마 지나지 않아 무거운 후회를 돌려주기도 합니다. 본사도 빠르게 가맹을 늘리면 유통에 힘이 생기고 투자 유치나 매각에 유리하겠지만, 속도가 빠른 만큼 관리받지 못하는 점주의 불만도 증폭됩니다. 그리고 소송 건들이 생기면서 다 같이 무너지는 악순환을 겪습니다. 여러 훌륭한 본사 대표님들이 이런 문제를 해결하기 위해 노력 중이라고 생각합니다만 제 입장에서 이런 문제들을 어떻게 해결하면 좋을지 적어봤습니다.

콘텐츠로 예비창업자 만나기

가맹점이 100개인데 대부분 적자고 점주가 겨우 월급 가져가는 곳이 30군데도 안되면 본사가 매끄럽게 성장하기는 어려울 것입니다. 50개 중 30군데가 돈 많이 벌게 하는게 훨씬 더 의미 있고 본사의 성장에도 도움되는 방식이라 생각합니다.

이 방식을 위해서는 돈을 지불한다고 다 가맹을 내주는 게 아니라 잘 할 것 같은 사람, 열정이 있는 사람, 배울 자세가 되어 있는 사람, 준비가 되어 있는 사람을 필터링해서 교육하고 기회를 줘야합니다.

"누가 그걸 몰라서 그러나? 그럼 시간과 돈이 많이 드니까 그러지."라고 이야기 하실 겁니다. 맞습니다. 시간과 돈이 듭니다.

하지만 가맹을 무분별하게 늘리면서 겪는 시행착오로 인한 비용, 점주들과의 관계 악화, 건강 악화, 고소 건에 시달리는 것을 포함해서 비용 계산을 할 필요가 있습니다. 천천히 가더라도 이런 비용을 최대한 감수하지 않는 게 낫다고 생각합니다.

결이 맞지 않는 100명의 잠재고객 보다는 결이 맞는 10명의 잠재고객과 깊게 소통하는 게 낫습니다. 본사 아이템에 크게 매력을 느끼지 못한 예비창업자를 온갖 혜택을 내세워 설득하는 방식으로는 결이 맞지 않은 점주를 거르지 못합니다. 이러면 본사에 대한 기대치가 일정치 않으며 아이템에 대한 이해도도 제각각인 점주를 모으게 됩니다. 본사와 점주 입장에서는 불행의 씨앗입니다. 만약 그런 씨앗을 키우기 원치 않고, 점주와 윈윈하길 원하는 프랜차이즈 본사가 콘텐츠 마케팅을 한다면 저는 다음과 같은 단계로 가이드할 것입니다.

예비창업자에게 실제로 도움이 되는 창업용 콘텐츠를 제작해서 정기적으로 발행합니다. 무료로 질 좋고 실전적인 콘텐츠를 유통하면서 잠재고객에게 호감을 사고자 합니다. 이 콘텐츠에는 본사만의 특별한 경험과 노하우 그리고 철학도 담습니다. 그런 콘텐츠에는 어떤 비전으로 프랜차이즈를 하는지, 경쟁사 대비 우위는 무엇인지, 부족한 부분은 무엇인지, 점주가 된다면 지켜야 할 사항은 무엇인지, 지키지 않아도 될 것은 무엇인지, 위기에 어떻게 대처하는지, 본사는 어떤 교육을 하는지 등이 전반적으로 담겨 있습니다.

예비창업자에게 도움이 되는 정보로 본사의 역량을 어필하는 것입니다. 본사가 가맹점이 잘되게 하기 위해 얼마나 많이 연구하고, 비용 투자를 하는지, 위기에 어떻게 대처하고 있는지 콘텐츠로 전달할 수 있습니다(본사의 핵심 노하우까지 공개적인 콘텐츠에 담을 필요는 없습니다. 그 외에도 예비창업자에게 중요한 내용은 많으니까요).

콘텐츠를 접한 예비창업자분들 중에는 시간과 비용을 들여서 혼자 할바에 본사와 수익셰어를 하면서 협업하는 게 낫다고 판단하는 분이 계실 겁니다. 콘텐츠를 소비하다가 이 브랜드가 아니면 창업하지 않겠다거나 본사에서 제대로 창업을 배운다는 자세로 점주가 되겠다고 마음먹게 해주는 게 제가 설계한 콘텐츠 마케팅 방향입니다.

동시에 본사와 결이 맞지 않는 예비창업자는 그다음 단계의 정보를 접촉하지 못하게 합니다. 예를 들어 무료 콘텐츠를 보면서 팬이 되고 가맹

사업이 궁금한 예비창업자 데이터베이스를 바탕으로 '유료 설명회'를 진행하는 것입니다. 유료로 하는 이유는 필터링하기 위함입니다. 본사가 핵심 역량을 가지고 있다는 것을 드러내는 표현이기도 합니다. 설명회에 참여해서 얼굴을 본 사람한테만 가맹 신청 자격을 주고, 가맹점 오픈에 필요한 교육과 미선을 통과하면 가맹점주 자격을 줍니다. 이렇게 또 한 번 필터링이 됩니다.

"아니, 이런 식으로 가맹점 몇 개나 늘리겠어요?"

맞습니다. 제가 생각해도 처음에는 너무 느릴 것 같습니다. 그런데 이벤트에 혹해서, 준비 없이 오픈한 점주들이 반발하고 고소하는 가운데 가맹점을 늘려가는 게 무슨 의미가 있는지 저는 잘 모르겠습니다. 그리고 정말 제대로 가맹사업을 하고 싶은 점주라면 돈 낸다고 자격을 다 주는 게 아니라 깐깐하게 모집하는 것을 오히려 더 신뢰할 것입니다.

프랜차이즈는 가맹점 수를 늘리는 것 자체가 목표일까요? 아니면 회사 브랜드로 성공한 점주를 많이 배출하는 게 목표일까요? 저는 후자가 목표가 되어야 한다고 생각합니다. 목표를 여기에 둔 곳만 제가 말한 콘텐츠 마케팅 방향을 장착할 수 있습니다. 시간이 가면서 결이 맞는 점주들과 속도를 빠르게 낼 수 있는 확률을 높이는 작업입니다. 간판 바꾸기 등으로 초기에 가맹 늘어나는 속도가 빠른 것처럼 보이다가 금방 식어버리는 본사보다 초반에는 느리지만 성공한 점주들의 입소문으로 점포가 늘어나는 본사가 비용을 계속 아끼면서, 감정소모를 덜 하면서 더 빠르게 성장할 수 있습니다.

성공한 사업가분들과 교류하고, 그분들의 흥망성쇠를 보아온 저의 소견이고 다양한 분야에 적용하며 성과를 봤던 방향성입니다. 부디 선한 영향력이 있는 브랜드를 키우면서, 충성도 높고 성공 DNA를 갖춘 점주분들과 좋은 관계 유지하면서 돈 잘 버는 가맹점을 늘리는 프랜차이즈 본사가 많아지길 진심으로 바랍니다.

 콘텐츠 해커의 정리!

콘텐츠 마케팅은 잠재고객을 팬으로 만드는 단계까지 자동화시키기 편하다는 장점이 있습니다. 또한 결이 맞지 않는 잠재고객과 깊게 소통하는 단계를 애초에 배제시켜준다는 장점도 있습니다. 저는 사업하고 돈 버는 이유가 행복하기 위해서라고 믿습니다. 본사와 가맹점이 윈윈하면서 행복하게 사업하는 분들이 세상에 더 많아지고 고객을 만족시키면서 더 큰 보람을 얻는 일이 더 많아지길 간절히 기도합니다.

긴 생명력을 가진 콘텐츠를 만들기 위한 3가지 조언

국내·외 대기업의 브랜딩으로 유명한 A대표님과 미팅을 하면서 국내 대기업의 브랜딩과 마케팅 전략에 대한 한계에 대해서 대화 나눌 수 있는 기회가 있었는데요. 해외 기업들은 과거의 마케팅 방식을 벗어나서 콘텐츠 기반으로 구독자를 만들고 소통하면서 상품을 제작하는 콘텐츠 마케팅의 흐름을 따르고 있는데, 우리나라의 대기업은 체질 개선에 대한 인식이 부족하고 콘텐츠 마케팅을 이해하는 인재를 구하기도 어려운 상황이라고 이야기해주셨습니다.

이대로라면, 해외 기업과의 경쟁에서 우리나라 기업이 이기기는 점점 더 어려워질 것이라는 우려에 무척 공감되기도 했습니다. 나름대로 콘텐츠 마케팅 강의를 하고 있는 입장에서 우리나라 기업들이 좀 더 쉽게 콘텐츠 마케팅에 다가갈 수 있게 더 많은 콘텐츠를 생산해야겠다는 사명감을 가졌던 날이기도 합니다. 그리고 그날 다음과 같은 글을 썼습니다.

월드클래스 바리스타가 내려준 콘텐츠 마케팅 영감

10년의 도전 끝에 테이블에 걸터앉는 독특한 퍼포먼스로 한국인 최초 월드 바리스타 챔피언이 된 전주연 바리스타의 이야기를 들어보셨나요? 인터뷰에서 전주연 바리스타가 식은 커피의 맛을 보는 것을 보며 의아해진 기자가 물었습니다.

"왜 식은 커피의 맛을 보시나요?"

"식어도 맛있는 커피가 진짜 맛있는 커피니까요."

콘텐츠 마케팅을 잘 못 이해한 분들은 구매 전환을 높일 의도로 최면 요소를 잔뜩 담고, 스토리텔링 범벅을 해서 세일즈 페이지를 길게 만드는 것이라 착각하는 경우가 많았습니다. 콘텐츠 마케팅은 그런 게 아닙니다. 식어도 맛있는 커피가 진짜 맛있는 커피인 것처럼, 당장의 세일즈 전환만을 위해서 만들어진 콘텐츠가 아니라 콘텐츠 그 자체로 잠재고객에게 의미가 있고 돈을 지불할 가치가 있는 것입니다. 시간이 지나도 생명력을 유지하는 콘텐츠가 쌓여서 계속해서 매출에 긍정적 영향을 미치는 게 콘텐츠 마케팅입니다. 오랜 생명력을 가지고, 콘텐츠 자체로 사랑받기 위해서 무엇을 해야 하나 궁금하시죠? 콘텐츠 마케팅을 자문하면서 느낀 점을 바탕으로 3가지 요소를 정리해봤습니다.

1. 콘텐츠 제작자의 톤과 혼이 느껴지는 콘텐츠

일상의 이벤트를 바탕으로 콘텐츠를 제작하면, 좀 더 생생하고 진정성 있는 콘텐츠 제작이 가능합니다. 그래야 구체적인 스토리텔링이 가능하고, 제작자의 감정과 혼이 콘텐츠에 담겨 전달될 수 있습니다. 그래서 저역시 일상을 매일 기록하고, 일상에서 의미를 발견하는 사색의 시간을가지고 거기서 얻은 영감으로 콘텐츠를 제작합니다. 콘텐츠 마케팅을하겠다는 분에게는 일상 기록을 습관으로 삼도록 권하고 있고요.

작가가 자신만의 문체를 가지듯이 콘텐츠를 제작하는 사람도 자신만의 톤을 가지게 되는데요. 자신의 일상에서 발견한 영감을 SNS에 지속해서 업로드하면서 자기 톤을 발견하고 그 톤으로 팔로워와 소통할 때, 콘텐츠는 생명력을 가집니다. 기업의 콘텐츠를 발행하더라도 역시나 제작은 사람이 합니다. 그리고 그 사람에게도 일상이 존재합니다.

일상에서 느꼈던 생생한 경험 중에 업로드하는 발행하는 주제와 연결될 포인트를 녹여내면, 팔로워들도 좀 더 친근함을 느끼고 팬이 될 확률이 높습니다. 팔로워가 많은 기업의 콘텐츠를 보면 20대의 일상 톤을 잘살린 유쾌한 콘텐츠를 발행한 결과물인 경우가 많은 것도 마찬가지입니다. 제작자의 혼과 톤을 콘텐츠에 담기 위해서는 일상을 관찰하고 사색의 시간(연결의 시간)을 가진 뒤에 콘텐츠를 만드는 작업이 필요합니다.

2. 콘텐츠를 생산하는 입장과 소비하는 입장의 포용

'월드 바리스타 챔피언' 전주연 바리스타는 10년 가까이 대회에 출전을했지만, 우리나라에서 1등을 하지 못해서 세계 대회에 진출이 매번 좌절되었다고 합니다. 전주연 바리스타는 이 상황을 과연 어떻게 극복했을까요?

게으르지만 콘텐츠로 돈은 잘 법니다

계속 도전하는 처지에서만 있다 보니 시야가 좁아지고 있음을 깨닫고 한국 대회 심사위원으로 출전을 합니다. 심사위원이 되면 그 다음 대회에 도전자가 될 수 없지만 몇 년의 공백을 감수하면서까지 새로운 시야를 경험하는 과감한 선택을 한 것인데요. 심사위원이 되고 어떤 일이 벌어졌을까요? 도전자의 처지일 때 보이지 않던 게 보이기 시작했습니다. 완전 반대 입장을 경험하며 얻은 새로운 시야를 바탕으로 방향성을 잡고 준비한 전주연 바리스타는 결국 세계 챔피언이 되었습니다.

만약 독자님이 콘텐츠를 계속 생산해온 처지에 있다면 반드시 다른 콘텐츠를 적극적으로 소비하는 처지에 서서 균형을 맞춰볼 필요가 있습니다. 일명 덕후가 되어봐야 하는 것이죠. 그래야 콘텐츠 소비자들의 마음을 이해할 수가 있고 그들의 관점에서 만족스러운 콘텐츠를 기획할 수 있습니다.

만약 콘텐츠 소비 위주로 해왔다면, 생산하고 기획하는 과정에 좀 더 과감히 도전해볼 필요가 있습니다. 생산할 때만 느낄 수 있는 새로운 시야가 생기고 그때에만 배울 수 있는 지혜가 있기 때문입니다. 이렇게 다양한 시각으로 균형을 맞추려는 사람의 콘텐츠는 제작자로서의 의도를 드러내면서도, 소비자를 배려하는 느낌을 동시에 줄 수 있습니다. 그런 콘텐츠가 더 바이럴 되고 더 오래 사랑받는 것은 당연한 이치겠지요.

3. 자신감과 겸손함 다 담는 콘텐츠
전 세계인이 춤을 배우러 우리나라에 오는 원밀리언 댄스 스튜디오를 운영하는 리아킴의 인터뷰를 TV로 접했습니다. 제가 춤을 좋아하기도 하지만 제가 과거에 댄서로 활동할 때 인연이 있던 터라 더욱 몰입해서 볼 수 있었는 데요(제가 우승했던 댄스 대회 심사위원이기도 했고, 그 때문에 같이 1:1로 춤 연습도 했었습니다).

리아킴은 어린 나이에 세계 정상 댄서가 되다 보니 큰 부담을 안게 됩니다. 더는 무엇을 배워야 할지 모르는 상황에 놓였습니다. 부담감 때문에 다른 대회에서도 실력 발휘를 하지 못했고, 제자들이 심사를 보는 TV 프로그램에서 초기 탈락을 하면서 자존심에도 큰 상처를 받았습니다. 그런데 리아킴은 자신이 바닥에 간 상황을 재해석합니다. 오히려 다시 배우고 성장할 수 있는 계기로 삼은 건데요. 그 이후 유튜브에 자신만의 무대를 세우기로 하고 구독자 2000만 명을 기록하면서 세계에서 가장 유명한 안무가이자 성공한 유튜버로 우뚝 섰습니다. 바닥과 정상을 여러 번 오가며 안정적인 정상의 자리를 거머쥔 것입니다.

자신감만 있는 콘텐츠, 겸손함만 있는 콘텐츠는 매력이 떨어집니다. 오랜 시간 콘텐츠를 제작하다 보면 냉탕과 온탕을 경험하게 됩니다. 어떤 때는 너무 잘 만들어지고 반응이 좋아서 오만해지고 어떤 때는 잘 안 만들어져서 다 때려치우고 싶은 마음이 듭니다. 긴 시간은 우리에게 자신감만 주지도 않고, 겸손함만 주지도 않습니다.

더운 날이 지나면 추운 날이 오고, 추운 날에 적응한다 싶을 때 더운 날이 어느덧 옵니다. 그런 가운데 흔들리면서도 포기하지 않고 나만의 콘텐츠를 꾸준히 만든 사람은 어느 순간 열정과 냉정을 모두 콘텐츠에

게으르지만 콘텐츠로 돈은 잘 법니다

담게 됩니다. 저는 10년 전 영업을 시작할 때부터 트위터에 관련 콘텐츠를 발행하고 블로그로 고객을 모았습니다. 네이버 카페에서 PDF 콘텐츠를 판매해서 적은 돈부터 버는 것을 10년 전부터 했습니다. 새로운 사업을 할 때마다 콘텐츠가 가지는 힘을 믿고, 돈이 벌리는 것과 상관없이 콘텐츠를 만드는 방식으로 사업을 지속하겠다는 생각을 항상 했습니다. 놀랍게도 2~3년 전에 만들었던 콘텐츠를 통해서 지금도 매출로 연결되거나 문의가 옵니다. 월급을 주지 않아도 몇 년간 살아남아서 일하고 있는 직원과 같은 콘텐츠가 존재하고, 현재도 계속 그런 콘텐츠를 만들어내는 중입니다. 앞으로도 저는 계속 월급 받지 않고 일하는 콘텐츠 덕분에 출근하지 않고 먹고 사는 일을 지속하게 되겠지요.

한 달에 억 단위로 광고비를 쓰고 100여 명의 인건비를 감당하며 허덕이는 기업의 마케팅 자문을 해보면서 콘텐츠 마케팅은 선택이 아니라 앞으로 필수가 될 수밖에 없다는 확신을 하게 되었습니다. 마지막으로 콘텐츠 마케팅에 대한 재미난 지표가 있어서 공유합니다.

- 콘텐츠 마케팅이 기존 방식의 마케팅보다 62퍼센트 저렴한 비용이 든다.
- 콘텐츠 마케팅으로 접근할 때, 다른 방식보다 고객으로 전환되는 비율이 6배 높다.
- 콘텐츠 마케팅은 지출 금액 대비 3배 많은 잠재고객을 만든다.

어떠신가요? '콘텐츠 마케팅을 좀 해봐야겠다.' 이런 마음이 조금은 드시나요? 대기업조차도 콘텐츠 마케팅에 대한 지식이 부족하고, 인재를 구하기도 어려운 상황이기 때문에 이 분야를 선점하는 기업과 개인에게는 계속 유리한 기회가 많아질 거로 생각합니다. 이 책을 보고 계신 독자님들이 그 기회를 잘 잡으시길 진심으로 바라는 바입니다.

콘텐츠 해커의 정리!

생명력 있는 콘텐츠를 만들기 위해서 특별한 기술이 존재하는 것은 아닙니다. 말 그대로 콘텐츠 제작자의 시간이 담길 때 생명력을 가지게 됩니다. 마케팅을 하면 숫자로 효율을 보여줘야 하고 단기적인 성과를 보여야 한다는 프레임 안에만 있다면 콘텐츠 마케팅으로 체질 전환하는 길은 요원합니다. 그래서 이왕이면, 1인 기업이나 스타트업이 먼저 콘텐츠 마케팅에 관심을 가지고 공부를 꼭 해봤으면 하는 바람이 큽니다. 이 책을 통해서 관련 공부를 시작하는 분이 계신다면, 이 책을 교재 삼아서 자신의 블로그에 계속 포스팅을 하시고, 저에게도 그런 진행 사항을 알려주세요.

PART 2

게으르니까,
당장 시작해야 하는 유튜브

유튜브 광고 수익에서 벗어나면
비로소 보이는 블루오션

〈취권〉이라는 유명한 영화가 있었습니다. 주인공 황비홍이 소화자라는 고수에게 취권을 전수받는 이야기입니다. 영화 초반 복수를 위해 무시무시한 무술의 고수를 목표로 소화자의 제자가 되기로 한 황비홍은 얼마 가지 않아 크게 실망합니다. 매일 손목만 단련하고 허드렛일만 하며 화려한 기술 근처에는 가보지도 못했기 때문입니다. 답답함에 도망쳐 나온 황비홍은 자신의 원수인 살인청부업자 염철심과의 결투에서 무참히 깨지고 자신의 무력함을 깊이 깨닫습니다. 이후 황비홍은 과한 욕심을 버리고 기본부터 다시 쌓은 다음에 취권을 터득하고 염철심을 물리칩니다.

그런데 이러한 일은 온라인상에서도 일어납니다. 화려한 취권의 겉모습만 좇듯이 유튜브 구독자를 빨리 늘리고, 광고 수익을 만드는데 필요한 기술만 익히려는 분을 자주 목격합니다. 유튜브 구독자 1000명이 되어야 광고 수익을 창출할 수 있으므로 가짜 계정으로 구독자 1000명

게으르지만 콘텐츠로 돈은 잘 법니다

을 만들어주는 서비스도 성행하고 시청시간 4000시간도 가짜 계정으로 채워줍니다. 이러면 빠르게 광고 수익의 창출 조건은 만족이 되겠지요. 그런데 이게 과연 바람직할까요?

이렇게 구독자를 만들면 내 유튜브 채널을 크게 망가집니다. 불특정한 관심사를 가진 유령 구독자층을 가지게 되어 내 채널의 성격도 불분명해집니다. 내 채널이 어떤 주제를 다루는지 모호하기 때문에 관심사 기반으로 추천 영상에 뜨기도 어렵습니다. 그래서 실제로 필요한 사람에게 내 영상이 도달되지도 않고, 유령 구독자들은 내 영상을 시청하지 않기 때문에 유튜브로서는 구독자도 외면하는 채널이라 판단합니다. 그래서 실제로 꾸준히 볼 채널이 아니라면 초반에 서로 맞구독하는 것도 위험합니다.

조회 수가 안 나오니까 자극적인 영상을 제작하려는 압박을 느끼고, 이미 성공한 유튜버가 하는 것을 그대로 좇다보니 자신의 방향성을 자주 잃습니다. 빨리 성공하고 싶은 욕심만 크고 성과는 노력과 비교하면 안나서 금방 지칩니다. 기본적인 손목 훈련은 무시하고 화려한 기술만 기대했던 황비홍이 금방 지쳐서 그만둔 것처럼요.

세상에 답은 절대 한 가지가 아닙니다. 저는 유튜브 광고 수익을 좇으면 안 된다고 말하는 건 아닙니다. 그게 돈 버는 방법의 전부라 생각하면 더 다양한 기회를 찾기 전에 유튜브가 자신과 안 맞는다고 섣부른 판단을 내리게 되는 것을 경계해야 한다는 것입니다. 고등학교 3학년 수업 때마다 가장 많이 들었던 선생님의 이야기는 '명문대만 가면…'이었습니다. 흔히 말하는 명문대만 가면 파라다이스가 펼쳐지는 줄 알고 오로지 그 목표만 보고 달렸던 때가 있었습니다. 지금도 그 하나의 목표만 보고 달려가는 수험생이 많습니다. 그 목표 자체가 잘못된 것은 아닙니다. 단지 그 길 말고, 다른 길도 괜찮다고 말해주는 어른이 많다면 수험생이 덜 숨 막혀 하고, 수능 결과로 목숨을 던지는 사건은 덜하지 않았을까요?

한두 달이면 다 까먹을 수능 실력, 경쟁심으로 가득 찬 마음, 아름다운 것에 아이처럼 반응하지 못하는 차가운 심장만 남기는 정답의 사회가 저는 너무 안타깝습니다. 다양한 길이 존재하고 다른 길 역시 새롭게 만들어도 괜찮다는 사실을 알고 있었으면 나만의 꽃길을 만드는 사람이 좀 더 늘지 않았을까 하는 아쉬움이 있습니다. 제가 기존 유튜버 그리고 유튜브를 시작하는 분들에게 광고 수익만이 전부가 아니라는 말을 반복해서 드리는 이유입니다.

구독자 1000명 안 돼도 유튜브로 돈 번다

구독자 1000명은 상징적인 숫자가 되었습니다. 유튜버들이 너도 나도 그 숫자를 떠들기 시작했습니다. 그래서 마치 그 숫자가 아니면, 의미 없는 채널, 수익을 못내는 채널처럼 느껴지기까지 합니다. 《나는 자본 없이 먼저 팔고 창업한다》에도 소수의 팬만 있어도 연봉 1억 원이 될 수 있다는 이야기를 했던 적이 있습니다. 역시 지금 이 책에서 말씀드리는 내용을 바탕으로 구독자 1000명 되지 않은 상태에서 유튜브를 활용

게으르지만 콘텐츠로 돈은 잘 법니다

해서 월 100만 원 이상에서 월 500만 원까지도 수익을 내는 분들이 계십니다.

구독자 수 상관없이 유튜브에 영상을 올리고 영상과 보조로 판매할 수 있는 교재를 PDF로 팔고, 온라인상으로 하는 코칭, 멤버십, 유료 영상을 팔아서 직장 다닐 때보다 더 많은 수익을 내는 분들이 계속 나타나고 있습니다. 이 책을 다 읽고 나면, '나도 바로 도전할 수 있겠다'는 생각이 드실 겁니다.

잠자면서도 들어오는 소득을 만든다

저는 수강생 분들에게 각자가 가장 쉽게 만들 수 있는 영상 주제를 발견하도록 안내했습니다. 예를 들어 중국어 학습에 대한 주제를 정했다고 해보겠습니다. 그러면 더 자주 업로드할 수 있기 위한 방식을 고민하면서 영상을 몇 개 제작합니다.

예를 들면, '중국 드라마 명장면 한마디'라는 틀을 잡은 분이 계셨습니다. 이러면 정보 수집하기 좋고, 보는 사람에게 재미를 줄 수도 있습니다. 제일 중요한 것은 매일 새로운 주제를 선정해도 영상을 찍을 때마다 정해진 방식이 있어서 점점 제작 속도가 빨라질 수 있다는 것입니다. 만약 오늘은 중국 문화, 내일은 중국 친구 사귄 이야기, 그 다음 날은 중국어 시험을 본 이야기 이런 식으로 진행되면, 중국어라는 틀은 있지만 그 안에서 시스템처럼 반복할 포인트를 만들기 어렵습니다.

유튜브를 시작하는 초반에는 어떻게 하면 더 쉽게, 더 편하게, 더 오래 영상을 만들어내고 업로드할 수 있는지 찾아가는 게 중요합니다. 영상들이 틀이 갖춰져야, 시리즈물로 여겨지고 가치가 생깁니다. 그리고 거기에 맞춘 유료 상품 기획과 제작이 쉽습니다. 중국 드라마 명장면이라는 제작 틀이 정해져 있으므로 거기에 맞춰서 교재를 PDF로 만드는 과정도 더 수월할 수 있었던 것처럼 말이지요.

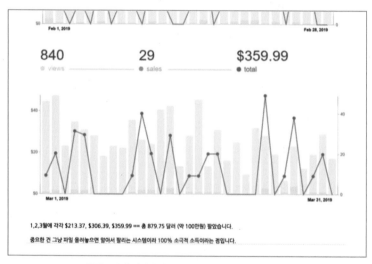

중국드라마 명장면 영상 유튜브를 통한 PDF 판매 사례

PDF나 유료영상 링크를 유튜브 더 보기 칸에 넣어서 판매해도 되고 네이버 스토어팜에서 물건을 팔고 있다면 관련된 영상에 그 링크를 넣어도 됩니다.

"내 상품이 있어야지만, 결국 돈을 버는 거네요?"

게으르지만 콘텐츠로 돈은 잘 법니다

그렇지 않습니다. 제휴마케팅이라고 해서 내가 만든 상품이 아니더라도 상품 판매 링크를 부여받아서 홍보하고 판매하면 일정 수익을 받는 형태도 많습니다.

아마존에 내가 직접 상품을 올려서 판매해도 되지만 유튜브에서 아마존 제품 리뷰를 하고 그 제품에 대한 제휴 판매 링크를 받아서 돈을 벌수 있습니다. 판매가 일어나면 판매사업자가 물건 발송과 고객응대를다 합니다. 우리나라에서도 텐핑이나 쿠팡파트너스 같은 곳에서 이런식으로 판매를 할 수 있습니다.

제가 운영하는 '콘텐츠 백수'라는 모임에 건강관련 영상을 만드는 분이 계셨는데, 그분이 추천하는 건강 제품들이 쿠팡에 있는 것을 확인하고 상품 추천 링크를 다 쿠팡으로 바꾸게 했습니다. 어차피 계속 만드는 콘텐츠에 들어가는 링크만 바꾼 것으로 쏠쏠한 부수입을 얻게 된 건물론입니다. 북리뷰하는 분은 쿠팡의 책 링크를 통해서 부수입을 만드셨구요. 테크유튜버는 장비 소개를 하면서 제휴 판매로 이익을 얻곤 합

제휴 상품을 판매할 수 있는 한국 사이트 텐핑, 쿠팡파트너스

니다.

어떠신가요? 자극적인 영상을 만들어서 트래픽을 몰고, 악성 댓글에 시달리면서 광고 수익을 만들지 않아도 자신이 잘하고 좋아하는 주제를 잡아서 돈을 벌 기회는 여전히 무궁무진합니다. 자신 있는 분야의 영상을 만들면서 수익도 만들고 내공을 쌓다 보면 자연스럽게 구독자가 폭발하는 순간도 맞이합니다. 광고 수익도 생기지요. 이는 황비홍이 기본에 충실한 훈련을 했더니 어느 날 취권의 고수가 된 것처럼 자연스러운 현상입니다.

초보 유튜버가 광고 수익에만 초점을 맞추면 무조건 금방 지칩니다. 담백하게 자신의 색을 찾아가는 유튜버에게 자신과 결이 맞는 기회가 생기고 그 기회를 통해서 광고 수익 이외의 수익이 창출됩니다. 유튜브를 시작하고, 좋아하는 주제를 열심히 다루다 보니 출간 제의를 받았다는 분도 많습니다. 광고 수익은 적었지만, 타깃이 좁고 분명했기 때문에 그 주제의 전문가로 인정받아서 책을 출간하게 된 것입니다. 방송 출연 기회도 그렇게 옵니다. 혹은 내가 다루는 주제로 컨설팅이나 코칭을 요청받습니다. 모두 수익과 연결됩니다. 광고 수익에 초점을 맞추지 않으며 전문성을 지켰고 자극적이지 않았기 때문에 가능한 일입니다.

제로 창업**bit.ly/zero2be** 역시 광고 수익에 대한 기대는 별로 하지 않았습니다. 오로지 자본 없이 창업하고, 콘텐츠를 활용해서 자유롭게 돈버는 일관된 메시지를 전달하는 것만 신경 썼고 유튜브에서 연결된 수익모델로 큰돈을 벌 수 있었습니다. 그래서 저는 구독자 수 부담 없이 즐겁게 영상을 만들 수 있었고 시공간의 제약 없이 수익을 창출할 수 있었으며 지금과 같은 노하우를 전파할 수 있었습니다.

 콘텐츠 해커의 정리!

'단기간에 구독자 1000명 달성하는 법!' 이런 자극적인 이야기의 결론이 얼마나 허망한지 입시 과정을 통해서 이미 간접적으로 겪었습니다. 이게 정답이라 착각하면, 진짜 중요한 나머지가 전부 사라집니다. 천천히 규모가 커지는 유튜브 채널로도 돈 벌 수 있는 기회는 많습니다. 절대 광고 수익이 전부가 아닙니다. 유일한 지름길처럼 보이는 길은 항상 주의하세요. 사실은 지옥 길일 수 있으니까요.

유튜브 아이디어, 잘 떠오르지 않는다면 '씨바시파'만 기억하세요

챕터 끝까지 보시면, '씨바시파'가 욕처럼 안 들리는 마법이 벌어지니 기대하며 읽어주세요. 유튜브 영상 찍어보려는 어떤 주제로 찍을지, 아이디어가 안 떠올라서 답답하셨나요? 그래서 나도 모르게 '씨바, 시파'를 읊조린 독자님이라면 이 책을 잘 선택하신 겁니다. 주변에 영감을 주는 무궁무진한 원천이 있다는 사실을 곧 발견하고 깜짝 놀라실 테니까요. 챕터 끝에는 제가 덤으로 준비한 영상 링크(101가지 유튜브 주제 정리 영상)도 있습니다. 자, 그럼, 씨바시파C.B.S.P의 정체를 하나씩 공개할게요.

먼저 커뮤니티Community입니다. 혼자서 아이디어를 떠올리는 건 외롭고 힘든 작업이에요. 그럴 땐, 집단지성을 활용하세요. 혹시 지금 내 전문 분야와 관련된 네이버 카페, 밴드, 페이스북 그룹, 카카오톡 채팅방에서 활동하고 계시나요? 그렇지 않다면 해당 분야 주제로 검색해서 찾아들어가 보세요. 공개된 커뮤니티가 많습니다. 사람들이 어떤 주제로 대

게으르지만 콘텐츠로 돈은 잘 법니다

화 나누는지 보는 것도 도움이 되지만 직접 질문을 올리는 게 가장 빠릅니다. 커뮤니티에 있는 사람들과 모두 직접 잘 알지는 못하지만 공통 관심사로 온라인에서 모였을 때 생기는 약한 연결의 힘을 제대로 활용할 수 있어요.

서로의 구체적 정보가 노출되는 게 적기 때문에 좀 더 부담 없이, 객관적으로 의견을 주는 경우가 생깁니다. 예를 들어, 영상 편집 잘하는 법으로 영상을 찍고 싶은데 어떤 주제로 찍을지 모르겠다면, 영상 편집 커뮤니티에서 사람들이 주로 하는 질문 위주로 영상을 찍으면 됩니다. 혹은 커뮤니티에 있는 사람들에게 무엇이 가장 궁금한지, 무엇이 제일 필요한지 질문하고 답변을 듣고 영상 주제를 정하면 됩니다. 지금 바로 내 유튜브 주제와 관련된 커뮤니티에서 실제로 활동하면서 질문하고 촬영할 주제를 쉽게 발견해보세요.

두 번째, 북**Book**입니다. 책 역시 유튜브 주제를 떠올리는 데 유용한 도구입니다. 육아 정보 유튜브를 하고 싶은 분이 있다고 가정해보겠습니다. 그러면 육아 관련 책을 찾아보면 됩니다. 책 전체를 다 읽지 않아도 괜찮습니다. 목차를 훑어보는 것만으로 유튜브 아이디어를 떠올리는데 충분하니까요. 서점 사이트에서 검색하면 책의 목차를 바로 볼 수도 있습니다. 역사 관련 유튜브를 하고 싶은데 어떤 주제부터 다룰지 모르겠으면 역사책의 목차를 훑어보면서 자신이 가장 자신 있는 주제부터 체크 해보면 되겠지요. 저도 여러 권을 출간했지만 그때마다 책 제목과 목차를 정하는데 가장 큰 공이 들어갑니다. 책이 출간되었다면 그 분야의 전문가인 저자가 출판사와 고심해서 내용을 잘 압축하고 세련되게 표현한 게 제목이 되고 목차가 됩니다.

특히 그 목차는 독자가 궁금해하는 내용을 함축해서 담고 있습니다. 따라서 목차를 보다 보면 찍을 수 있는 주제가 떠오르고 무엇을 더 공부해서 찍어야 할지 알게 됩니다. 이렇게 책에서 발견한 아이디어를 매번 메모하고, 그것을 바탕으로 기획과 검증을 해서 영상 촬영을 하면 됩니다.

그런데 주의할 점이 있습니다. 책 목차는 아이디어를 떠오르게 만드는 힌트로만 사용합니다. 거기에 담기는 내용은 나의 사례, 나의 주장을 담아서 영상을 구성하세요. 그래야만 해당 주제로 브랜딩이 되고 사람들이 자신을 전문가로 봐주니까요.

세 번째, 서치Search 바로 검색입니다. 저는 구글 검색 덕분에 몸 밖에 2번째 뇌를 두고 활용하는 느낌으로 살고 있다 해도 과언이 아닙니다. 제가 비즈니스 모델을 설계하거나 자동화 마케팅 시스템을 구축할 때는 한국에서 잘 다뤄지지 않는 툴이 많습니다. 그 툴들은 제 상상력을 바탕으로 구글에서 검색해서 찾아낸 것들입니다. 자신의 지식과 경험에 검색한 방울을 똑 떨어뜨려 사색하는 시간을 자주 가지면 뇌가 확장되는 게 느껴지는 착각이 듭니다.

웹사이트 중에는 키워드만 입력하면 유튜브 주제와 관련해서 사람들

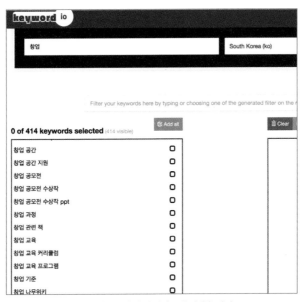

사이트에서 창업 관련 키워드 추천해준 예시

이 많이 검색하는 정보를 무료로 알려주는 곳도 있습니다(https://www.keyword.io).

또 유튜브에서 관심 주제로 검색하고, 관련된 영상을 많이 보면 해당 주제와 관련해서 계속 추천 영상을 띄워줍니다. 그런 영상을 참고해서 수월하게 영상 주제를 잡을 수 있습니다.

네 번째, 팟캐스트Podcast입니다. 음성 콘텐츠의 특성상 영상보다 길다는 것 말고는 영상 주제를 찾는데 팟캐스트만큼 결이 잘 맞는 것도 없습니다. A.I 스피커의 보급으로 음성 콘텐츠는 점점 더 주목을 받고 있습니다. 주제를 가리지 않고 양질의 음성 콘텐츠는 더 빠른 속도로 생산되고 있고, 팟캐스트가 유튜브보다 더 활성화될 거라는 이야기도 가끔씩 들릴 정도입니다.

대표적으로 네이버 오디오 클립과 팟빵이 가장 인기 있는 음성 콘텐츠 채널입니다. 유튜브 주제로 손색이 없는 음성 콘텐츠가 대부분 존재합니다. 북에서 언급한 것과 비슷하게 유튜브 주제에 대한 힌트를 얻을 수 있습니다. 단, 음성 콘텐츠를 듣고 그 내용 그대로 영상에서 다루는 게 절대 아닙니다. 주제에 대한 힌트를 얻고 거기에 내 사례와 주장을 담아 영상 만드는 연습을 해야 개성이 생기고 팬이 생깁니다.

사람들은 같은 주제에 관해서 비슷한 사례에 비슷한 주장을 듣고 싶어 하기보다는 다양한 관점을 접하고 싶어 합니다. 이렇게 팟캐스트를 끝으로 씨바시파의 정체를 공개했는데요. 끝까지 보셨는데도 씨바시파가 욕으로 들린다면, 글 처음에 안내해 드렸던 영상 링크로 만회를 해야 할 것 같습니다. 유튜브 영상 주제 101가지가 안내된 글을 보고 리뷰한 제 유튜브 영상입니다.**http://abit.ly/youtube101**.

📖 콘텐츠 해커의 정리!

유튜브 주제든, 글 주제든 혼자 쥐어 짜내려고 하면 뻔 한 주제만 떠오르기 쉽습니다. 이번 챕터에 말씀드린 4가지 장치를 활용하면, 언제든 편하게 주제를 떠올릴 수 있고 아이디어를 짜내는 데 필요한 에너지를 절약할 수 있습니다. 물론, 절약한 에너지를 가지고 나만의 색깔을 입히고 창의적인 콘텐츠를 만드는 데 사용해야겠지요? 끙끙거리면서 산을 올라야만 된다고 믿고 높은 산 앞에서 자주 좌절했던 거북이는 더 쉽게 헤엄칠 수 있는 영역을 적극적으로 찾게 된 것입니다.

어색해서 유튜브를 때려치우기 전 시도해 볼 3가지 방법

내가 만든 두려움의 프레임에 자신을 오래 가둘수록 그 프레임을 깨는 게 어려워집니다. 하지만 딱 한 번 그 프레임을 깨 보면(외부의 힘을 약간 빌려서라도) 현실이 조금씩 달라집니다. 생각이 바뀌고, 그 생각이 조금씩 현실을 지배하기 때문입니다.

시커먼 무생물(카메라)이 리액션 없이 나를 뚫어지게 보는데, 어색하지 않은 게 이상하지요. 어색하다 보니 몸이 긴장됩니다. 이런 상태에서 영상을 찍으니 평소보다 훨씬 어색한 모습이 나옵니다.

이런 경험을 몇 번 하면, '나는 영상이랑 안 맞아'라며 포기합니다. 오프라인 강의를 오래 해서 말하는 게 숙달된 저도 유튜브를 여러 번 포기했었습니다. 영상 촬영이 지금 잘 안 맞는 것은 절대 본인 잘못이 아닙니다. 하지만 맞춰보는 노력을 해 볼 필요는 있습니다.

저 역시 촬영이 어색했었고, 극복하려고 여러 방법을 시도했고 그런 게 작은 돌이 되어 두려움의 프레임에 작은 균열을 일으켰습니다. 만약 혼자 유튜브 영상을 찍다가 손발이 오그라드는 결과물을 보면서 여러 번 포기했다면, 이 챕터에서 말씀드리는 3가지 방법을 시도해보세요. '어, 생각보다 내가 영상에 자질이 있는데?'라고 느끼는 자신을 발견할지 모르니까요.

첫 번째, '편한 사람과 대화하듯이 찍는다.'고 생각하세요. 편한 사람이 실제로 옆에 있으면 제일 좋습니다. 상대는 주로 질문만 해주는 역할이어도 됩니다. 혼자 찍으면 '무슨 말을 해야 할지 떠올리고 말을 조리 있게 하고 다음 말을 준비하는 에너지'가 소진됩니다. 그래서 평소에 이야기 잘하는 사람도 혼자 영상을 찍으면 과부하가 걸려서 자신이 무슨 말하는지 모르게 됩니다. 하지만 곁에서 질문을 해주면 에너지 낭비가 많이 줄어듭니다. 그래서 말하려는 내용에만 에너지를 쏟을 수 있습니다.

저는 2년간 새로운 게스트를 모시면서 2시간 대본 없이 인터뷰하는 팟캐스트를 진행했습니다. 질문하고 답변을 경청하며 그때 생긴 의문을 바탕으로 다시 질문하고 중간에 내용 정리를 하며 상대가 돋보일 수 있는 포인트를 짚었습니다. 숙달이 되니, 누굴 만나더라도 대본 없이 최고의 인터뷰를 이끌어낼 수 있게 되었습니다. 이 과정을 통해서 누구나 질문만 잘 받으면 말을 쉽게 잘할 수 있다는 확신을 하게 되었습니다. 나에게 질문을 잘해줄 사람을 곁에 두는 것만으로 영상 앞에서 어색해지는 문제를 해결할 수 있으니, 그런 파트너를 물색해보세요.

게으르지만 콘텐츠로 돈은 잘 법니다

두 번째, 어색한 시간을 충분히 받아들이세요. 영상 찍다가 너무 어색해서 중간에 포기했다는 분들도 계신데요. 저도 그랬지만 초반에는 무조건 어색합니다. 앉아서 녹화버튼을 누르자마자 촬영 모드에 들어가는 건 프로에게도 어려운 일이지요. 그래서 배우들도 촬영 전에 감정을 잡고, 평소에도 그 배역에 몰입해 있습니다. 업로드하지 않아도 꾸준히 영상을 찍어야 점점 편안해집니다. 점점 나아질 자신의 모습을 믿고, 자주 영상을 찍는 수밖에 없습니다. 이왕이면 한번 찍을 때, 찍는 시간을 여유롭게 잡으세요. 그리고 카메라 앞에 앉아서 눈을 감고, 행복했던 순간을 떠올리며 기분 좋아지는 음악을 충분히 듣습니다. 무슨 말을 할지 떠올리며 미소를 지으세요. 마음의 준비가 되면 촬영 버튼을 누르고 기분 좋게 준비한 말을 합니다. 찍다가 버벅거려도 자책할 필요없습니다. 그 부분만 다시 말하고 편집하면 절대로 티가 안 납니다.

몇 문장 말하고 어색하면 다시 하고, 어색하면 다시 하고를 반복하세요. 5분 내용을 위해 1시간 촬영을 하게 될 수도 있습니다. 하지만 말하는 연습도 하면서 괜찮은 결과물도 내는 1석2조의 효과가 있습니다.

제가 아는 말 잘한다고 하는 유튜버 대부분이 이렇게 편집을 다 합니다. 수십만 명의 구독자를 보유하고 말 잘한다고 칭찬받는 유튜버가 영상 찍는 과정을 실제로 보여준 걸 본 적이 있습니다. 어색하게 말하면 다시 말하고, '어~어~' 하는 부분을 다 편집하니 달변가처럼 보였습니다. 저 역시 그런 과정으로 영상을 만듭니다. '뭐 보고 읽느냐'는 댓글이 달릴 정도인데 어색한 부분을 편집했기 때문에 그렇게 말하는 것처럼 보인 것뿐입니다. 물론 지금은 더 잘하려고 라이브 방송으로 훈련도 합니다. 라이브 방송을 하면 편집할 수 없으므로 영상 찍기에 익숙해진 분에게 좋은 훈련이 됩니다.

세 번째, '환경 조성하기'입니다. 영상을 찍는 것 자체로 어색하기 때문에 이왕이면 자신이 편안함을 느끼는 공간에서 찍는 게 좋습니다. 의욕에 불타서 낯선 스튜디오에서 찍으면, 공간은 화려하겠지만 적응하는데 시간이 더 많이 걸립니다.

촬영용 카메라가 눈앞에 있어도 부담됩니다. 평소에 낯을 익혀둔 스마트폰으로 촬영하면 좋습니다. 기본적으로 큰 카메라들은 렌즈가 돌출되어 있어서 공격적으로 느껴집니다. 그래서 카메라에 작게 가족사진을 붙여서 거부감을 줄이는 방법을 사용했습니다. 마음이 편해지기도 하고 자연스러운 미소를 만들어줍니다. 저는 유튜브가 지금처럼 핫하지 않을 때부터 사업가 분들에게 유튜브를 계속 추천했습니다. 물론 시작하지 않는 분들이 더 많았습니다.

그래서 그분들을 움직이게 만들도록 강의 때마다 새로운 것을 알려드렸는데요. 그러다 보니 어느새 제 주변에 유튜브로 돈 버는 분들이 많아졌고, 그런 분 중에 십만, 백만 유튜버 도 탄생하는 것을 목격했습니다. 그분들에게 말하기 스킬, 편집 프로그램 사용법이 중요한 게 아니었습니다. 더 중요한 것은 영상에 대한 두려움을 해결하는 것이었습니다. 이게 해결되면 나머지는 스스로 터득하려는 동력이 생깁니다. 영상에 재

게으지만 콘텐츠로 돈은 잘 법니다

미를 느끼고 필요성을 느끼며 때가 되었을 때 스스로 성장하기 시작했습니다. 불편한 감정을 마주하고 인정하면서 변화가 시작된 것입니다.

유튜브 시작에 중요한 건, 지금 내가 영상과 잘 맞느냐 안 맞느냐가 아니라 내가 지금 유튜브를 왜 시작해야 하는지를 아는 것입니다. '남들이 다하니까? 영상 하나 터지면 금방 돈 벌 것 같으니까? 유튜브가 핫하니까?' 처음에는 이런 이유들만 떠오를 수도 있습니다. 참고로 저는 다음과 같은 이유를 추가로 찾으면서 유튜브를 지속하는 동력을 만들었습니다.

1 게으른 내가 오프라인 활동 없이 더 많은 분에게 내가 연구한 내용을 생생히 전달하기 위해서

2 광고 수익 이외에 상품 세일즈가 발생해서 돈을 벌 수 있기 때문에

3 출간 활동과 시너지를 내는데 유튜브 영상이 도움되기 때문에

4 다른 기업이 만든 광고 채널에 의존하지 않기 위해서

5 결이 맞는 크리에이터들과 교류하고 배우기 위해서

6 가족과 시간을 더 보내도 돈을 많이 벌 수 있는 것을 증명할 수 있으므로

7 자녀가 컸을 때, 아빠의 사업 과정을 보여주기 위해서

8 남이 안 된다고 하는 것을 어떤 마음으로 실행했고, 정도에 어긋나지 않기 위해 어떤 노력을 했는지 자녀에게 보여주려고

이런 이유이면, 지금 영상이 잘 안 맞아도 나를 영상에 맞춰야 할 명분

은 충분했습니다. 그래서 하나씩 맞추기 시작해서 여기까지 온 것이고 요. 지금 독자님이 유튜브를 해야 할 단 하나의 이유는 무엇인가요?

 콘텐츠 해커의 정리!

영상에 대한 두려움은 누구나 가지고 있고, 두려움을 극복하는 데 도움이 되는 해결책 도 존재합니다. 두려움을 극복하게 만드는 힘은 자신이 유튜브를 해야만 하는 이유를 아는 것에서 시작합니다. 지금 바로 내가 유튜브를 해야 하는 이유를 적어 보세요. 시작 하지 않아야 하는 이유도 적어보세요. 시작할 이유보다 시작하지 않을 이유가 많다면 지금 하지 않아도 괜찮습니다. 그렇지 않다면, 마음의 장애물을 마주하면서 하나씩 뛰 어 넘어보세요. 그렇게 변하면서 폭발적으로 성장하는 분들을 매일 목격하고, 함께 해 왔기 때문에 자신 있게 말씀드릴 수 있습니다. 산만 오르던 거북이는 바다로 가면 편하 지만 어색해서 바다로 방향을 돌리지 못합니다. 익숙한 산만 오르며 불평불만을 하지만 바다를 찾을 생각을 하지 않습니다. 처음의 어색함만 감수하면 편안해지는 순간이 옵니 다. 그러기 위해서 가볍게라도 유튜브를 해야 할 이유를 꼭 적어보세요.

게으르지만 콘텐츠로 돈은 잘 법니다

혼자서 유튜브 영상 찍기의 달인 되는 3가지 팁

"저는 그래도 꼭 혼자서 능숙하게 찍고 싶어요!"라고 말하는 분도 계십니다. "그럼 계속 연습하세요!"라고 끝내면 섭섭해 하실 테니 제가 효과를 본 방법을 소개하겠습니다. 지금부터 설명할 방법 중에서 끌리는 것으로 시도하면 됩니다. 그리고 여기에 익숙해지면, 이런 방법을 쓰지 않고도 능숙하게 촬영하는 자신을 만나게 되실거에요.

먼저 '대놓고 보고 읽기'입니다. '이게 무슨 팁이야?'라고 생각하실 수 있지만, 아무것도 없이 말하는 게 힘든 분들에겐 이 방법이 도움됩니다. 카메라 옆에 노트북을 켜놓고 읽으면 무슨 말을 해야 할지 생각을 안 해도 되기 때문에 뇌의 부하가 덜합니다. 이런 경우에는 시선이 카메라로 정확히 향하기 어렵다는 문제가 있습니다. 하지만 인기 유튜버 중에는 아예 옆모습을 비추고, 눈은 대본 쪽으로 가 있는 분들이 종종 있습니다. 어설프게 카메라 렌즈를 보느라 눈동자가 흔들리는 모습을 보이는 것보다 한쪽으로 눈이 고정되고 아주 가끔 렌즈를 똑바로 보는 방식이 차라리 낫습니다. 이러면 편집을 많이 안 해도 됩니다. 보고 읽으면 되니까 편집으로 들어낼 것이 별로 없고, 시간이 없으면 편집 없이 업로드해도 내용 전달은 다 됩니다. 화면을 통해 시청자와 눈을 맞추는 게 구독자와의 소통에 도움된다고 믿지만 그렇게 시작하는 게 힘들다면, 콘텐츠 기획에 신경을 써서 스크립트를 잘 만들어서 보고 읽는 것을 추천합니다.

두 번째로 '프롬프터 사용하기'입니다. 네이버 쇼핑에서 찾아보니 가격이 100만 원대를 훌쩍 넘었습니다. 이런 투자가 과연 필요할까 고민되었습니다. 그러던 중 아마존에서 아주 저렴한 프롬프터를 발견했습니다.

미니 프롬프터 패럿(Parrot)

촬영 카메라 렌즈에는 거울이 투명하게 잡혀서 말하는 사람이 영상에 그대로 담기고, 기울어진 거울에 반사된 스마트폰 화면의 스크립트는 말하는 사람에게 보이는 방식입니다.

게으르지만 콘텐츠로 돈은 잘 법니다

안에서는 밖이 잘 보이는데, 밖에서는 안이 잘 안 보이는 거울을 생각하시면 됩니다. 이 거울을 덮을만한 플라스틱 용기가 전부인 제품은 비싸지 않았습니다. 프롬프터 제조사에서 만든 애플리케이션을 활용하면 스마트폰을 통해서 스크립트가 올라가고 그 화면이 거울에 비춰집니다. 이 프롬프터를 사용해서 아주 긴 내용의 글을 전달하는 영상을 촬영할 때 잘 사용했습니다. 요즘은 스마트폰으로 직접 촬영하면서 화면에 스크립트를 띄워주는 애플리케이션도 있습니다.

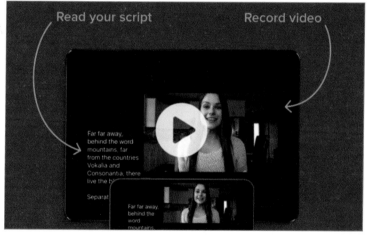

비디오 텔레프롬프터(Video Teleprompter) 애플리케이션

카메라가 아니라 스마트폰으로 영상 촬영하는 분들은 이런 애플리케이션을 사용하면, 화면을 똑바로 쳐다보면서도 술술 말하는 모습을 촬영할 수 있겠지요?

세 번째, '이어폰 사용하기'입니다. 저는 말이 느리고 톤도 낮은데 경쾌한 음악을 들으면서 말을 하면 리듬감이 생겨서 가끔 블루투스 이어폰을 착용하고 영상을 찍습니다. 이 밖에도 스크립트를 미리 녹음해두고 블루투스 이어폰으로 들으면서 말하면 카메라를 똑바로 바라보면서 말하는 게 가능합니다. 중간에 못 따라가면 정지를 누르고 말한 다음 다시 이어가면 됩니다.

저와 유튜브 촬영을 해본 분들은 저에게 '왜 이렇게 말을 잘하느냐'고 말씀하십니다. 저는 말을 너무 잘하고 싶은데 잘 안되어 대본 없이 팟캐스트를 오래 진행했고, 영상 촬영을 더 잘하기 위해서 새로운 방법을 배우러 다녔습니다. 그래서 처음 시작하는 분들이 겪는 마음의 장벽과 성장이 더딜 때의 허탈함을 잘 압니다. '쓸데없이 시간 낭비만 하는 것은 아닐까?' 하는 절망감은 시도 때도 없이 찾아옵니다. 타고난 천재에게는 제 시행착오가 도움되지 않을 수 있습니다. 하지만 마음의 장벽을 극복하고 바다로 뛰어들어서 속도를 낼 거북이 분들에게는 제 이야기가 분명 도움이 됩니다.

 콘텐츠 해커의 정리!

큰돈 들이지 않아도 더 세련되게 영상을 찍는 방법은 많습니다. 지금 시도하는 방식이 나와 잘 맞지 않아서, 포기하고 싶다는 생각이 든다면 다른 유튜버들이 어떻게 촬영하는 지 벤치마킹하면서 다양한 방식으로 고민해보세요. 그중 하나는 나와 잘 맞는 방식이 분명 있으니까요. 절대 포기하지 마세요.

게으르지만 콘텐츠로 돈은 잘 법니다

최소의 비용으로 최대의 매출을 내는 새로운 상품 흥행공식

첫아들 윤재가 7개월이 되었을 때, 미국에 있는 처가댁을 방문했습니다. 미국에서 아들과 함께 가야 할 1순위는 당시 세계적인 장난감 스토어 토이저러스였습니다. 하지만 5년이 지난 지금, 토이저러스는 어떻게 되었을까요? 파산 보호 신청을 받고 매장을 정리하였습니다. 이외에도 무너질 것 같지 않은 기성 기업의 몰락과 파산은 계속 진행되고 있습니다. 안전하게 돈을 벌기 위해서 어떤 관점을 가지고 무엇을 준비해야 할까요? 너도나도 모바일로 정보를 습득하고 구매도 하는 세상입니다. 그래서 모바일을 통한 소비 행태를 살피고, 이에 맞는 상품 흥행 공식도 파악해 볼 필요가 있습니다.

그렇다면 '좋은 상품을 만들어야 돈 번다'는 말은 맞는 말일까요? 틀린 말일까요? 반은 맞고 반은 틀린 이야기입니다. 반은 맞지만 나머지 반을 놓쳐서 무너지는 기업들이 속출하고 있습니다. 좋은 상품을 만드는 것은 돈을 벌기 위한 기본 중의 기본일 뿐입니다(좋은 상품이 아니면 팔지 않아야 합니다). 나머지 반은 어떤 것일까요? 새로운 상품 홍행 공식에 반드시 포함될 요소는 바로 '리뷰를 하기 좋은 상품인가?'입니다. 흔히 인스타그래머블(인스타그램에 업로드하기 적당한 사진, 영상)이란 용어도 이런 관점 아래 만들어진 단어입니다.

정사각형 프레임 안에서 매력을 표출하는 상품과 음식과 장소가 홍행합니다. 주 소비층이 정사각형 프레임에 익숙해져 있고 그 공간에서 구매를 염두에 두면서 시간을 보냅니다. 그러므로 정사각형 공간과 잘 연결되는 색감, 구도, 포즈가 계속 탄생하고 있습니다.

어느 날 저는 공원 산책을 하다가 초등학생 두 명이 손가락으로 춤을 추는 것을 보았는데요. 틱톡www.tiktok.com에서 유행하는 춤을 추는 것이었습니다. 틱톡은 간단히 설명하자면 15초에서 1분 이내 짧은 영상을 제작 및 공유할 수 있는 글로벌 동영상 플랫폼입니다. 틱톡은 짧고 강렬한 영상을 매개로 10~20대 유저를 흡수하고 있습니다. 채널 성격에 맞춰 짧고 따라 하기 쉬운 동작들이 유행밈, meme이 되어서 콘텐츠가 재생산되고, 그에 어울리는 상품 홍보와 리뷰 방식도 탄생 중입니다. 10대를 타깃으로 하는 기업은 틱톡을 염두에 두고 상품을 기획하고 마케팅을 합니다.

지금 핫한 채널에 적합한 콘텐츠 제작 방식이 유행하고, 그 콘텐츠를 통해 채널이 다시 성행하는 선순환 구조를 만들어가고 있습니다. 그렇다면 내 상품은 지금 주력 고객이 활동하는 채널에서 리뷰되기 좋은 요소를 갖추고 있나요? 없다면 관련된 아이디어를 고민할 필요가 있습니다.

게으르지만 콘텐츠로 돈은 잘 법니다

유튜브 리뷰에 최적화된 장난감을 생산하는 시대

토이저러스의 좋은 위치에 진열된 장난감이 흥행하는 시기는 저물었습니다. 이제는 유튜브에서 리뷰하기 좋은 장난감이 흥행합니다. 그런데 유튜브에서 리뷰하기 좋은 제품이 따로 있을까요?

원래는 따로 없었습니다. 하지만 상품의 흥행공식이 바뀌면서 제품기획부터 유튜브에서 리뷰되기 좋은 방식을 고려하는 기업이 늘고 있습니다. 독자님도 이 아이디어를 염두에 두고 상품을 기획해도 좋습니다. 그럼 동영상으로 리뷰되기 좋기 위한 상품의 특징은 어떤 게 있을까요? '일, 언, 진'이라는 단어 3가지만 기억하세요.

첫 번째, 1일 차원적인 제품이면 안 됩니다. 예를 들어, 다른 모습을 보여줄 거리가 없는 장난감이면 리뷰되기 어렵습니다. 언박싱(제품을 처음 뜯는 행위) 후 나온 모습 하나 밖에 없다면 유튜버는 그 제품으로 리뷰할 거리를 생각하기 어렵고, 리뷰를 기피하게 됩니다. 1차, 2차까지 변신할 수 있는 포인트가 필요합니다.

장난감 회사의 회장 로젠은 월마트 매장에서 접착제 판매량이 급등하는 현상을 발견했는데, 처음에는 전혀 원인을 몰랐습니다. 나중에 그 원인이 유튜브에 있다는 것을 알게 되었습니다. 아이들이 점액질 장난감 만드는 법을 보고 재료를 주문하고 있었던 것입니다.

colours may va

라로즈 사의 슬라임

    출시 첫해에 560억 원 이상 판매한 슬라임 키트를 만든 라로즈라는 회사의 로젠 회장의 선견지명을 보여주는 예입니다. 예측할 수 없는 모양으로 계속 변하는 슬라임이야말로, 리뷰 유튜버가 창의성을 발휘할 수 있는 최적의 상품이었습니다.

    두 번째, 언박싱하는 동안 긴장감이 유지되어야 합니다. 첫 번째에 말한 공식은 제품 자체의 변화에 관한 내용이었습니다. 하지만 리뷰는 언박싱부터 시작됩니다. 박스를 뜯는 과정이 빠지면 리뷰의 완성도 역시 급격히 뜯겨 나갑니다. 유튜버 역시 언박싱할 때, 이야기할 거리가 많은 상품을 리뷰하고 싶어 합니다. 그래서 기업들은 아예 언박싱을 염두에 둔 특별한 박싱의 상품들을 기획하기 시작했습니다. 차별화된 언박싱을 기획한 뒤 하늘의 별처럼 많은 리뷰 영상을 양산한 〈L.O.L 서프라이즈〉 장난감 하나로 2018년, 4조5천억 원의 매출을 일으킨 MGA 엔터테

L.O.L 서프라이즈 장난감

인먼트가 대표적인 사례입니다.

4번의 포장을 뜯어낼 때까지 어떤 제품이 들어있는지 알 수 없습니다 (5번이면 화날 듯). 이 전략은 언방식하는 동안에도 긴장감을 계속 고조시키고, 제품이 등장했을 때 유튜버가 느끼는 놀라움을 고스란히 시청자에게 전달할 수 있습니다.

모래에 파묻혀있는 고양이 장난감을 찾아내는 〈로스트키티스〉 역시 언박싱을 염두에 둬서 흥행에 성공한 사례입니다.

L.O.L 서프라이즈 장난감

장난감만 예로 들었지만, 다른 분야도 응용해볼 여지가 있습니다. 독자님도 제품을 구상 중이라면 언박싱을 염두에 두고 응용할 포인트가 뭘까 잠시 고민해보세요.

세 번째, 진짜 감정을 담은 진정성 있는 리뷰입니다. 상품이 좋은 건 기본이라는 말을 다시 강조해야 할 것 같아요. 예를 들어 서프라이즈 장면을 연출하려고 아무리 단단히 준비해도 제품이 형편없다면 구매를 자극하는 진짜 반응이 나오지 않을 테니까요. 리뷰하는 유튜버 입장에서도 진짜 감정을 싣기 어려우므로, 부족한 상품은 리뷰한 게 오히려 독이 될 확률이 높습니다. 의도와 달리 부정적 반응이 담긴 리뷰 영상이 여러 채널로 전파된다면 판매자는 큰 타격을 입게 됩니다.

그러므로 제품을 만들자 마자 바로 영향력 있는 유튜버에게 리뷰를 맡기는 것은 위험합니다. 친한 지인에게 먼저 리뷰를 부탁해보고, 그들의 피드백을 보고 여러 번 수정을 거친 뒤에 영향력 있는 유튜버 리뷰까지 가는 게 안전합니다. 상품에 대한 검증을 충분히 끝냈고 자신 있기 때문에 있는 그대로의 반응을 보여 달라고 말할 수 있고 자연스럽게 좋은 리뷰를 할 수 있는 상황을 만들어 줄 수 있습니다.

이상으로 팔리는 상품에 대한 기획이 바뀌고 있다는 이야기를 드렸는데요. 변화를 모두 따를 필요는 없습니다. 하루가 멀다 하고 변하는 세상을 다 따라잡는 것은 욕심을 넘어 불가능에 가까우니까요. 하지만 장기적으로 거대한 변화 추세에 놓인 것들은 다양한 미디어에서 자주 회

자됩니다. 제가 운영하는 유튜브 채널(ZERO 창업)에서도 그런 이야기를 하구요.

내가 처한 현실에서 문제를 더 잘 해결하고, 더 행복해지기 위해서 새로운 변화를 어떻게 적용하면 좋을까요? 저는 하루 중 긴 시간을 이런 즐거운 생각을 하며 보냅니다. 그러면 애쓰지 않으면서 더 많은 성과를 낼 수 있는 힌트들이 떠오르기 때문입니다. 노력은 아름답지만, 다듬어지지 않은 노력은 몸과 마음을 지치게 합니다. 지금 읽고 계신 책에 제가 하루 종일 사색하고 스터디하며 현실에서 적용한 노하우가 대량으로 공개되니 꼭 끝까지 몰입해서 읽어주세요.

 콘텐츠 해커의 정리!

품질 좋은 상품을 만드는 것은 기본입니다. 어떻게 하면 고객이 내 상품을 리뷰하기 좋고 편할지 염두에 두고 상품을 기획해보세요. 그러면 내가 마케팅비를 들여서 상품을 홍보하지 않더라도 고객들이 대신 홍보해 줄 테니까요. 만약 떠오른 아이디어가 있다면 블로그 같은 곳에 간단하게 정리해보세요. 바로 정리하지 않으면 나중에 다시 떠올리기 어렵거든요.

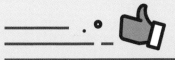

PART 3

게을러서 생각해낸,
자동으로 고객 만들어주는
6단계 모델

왜 내 상품은 안 팔릴까?
고민될 때 3가지 체크포인트

"열심히 콘텐츠 만들었는데 왜 매출이 안 생길까요? 어떻게 해야 하죠?"

이런 질문을 받으면 제가 다시 질문을 드립니다. 아이템에 따라 달라지지만, 다음과 같은 내용으로 다시 질문드립니다. 지금 책을 읽고 계신 독자님도 가볍게 답변을 떠올려 보며 읽으면 좋을 것 같아요. 뒤에 글 하나로 2억 원 매출을 낸 이야기와 연결되니까 재미있게 생각해보세요.

1 본인 상품이 경쟁자에 비해서 어떤 점이 특별한가요? 한번 최대한 많이 적어보세요.

2 잠재고객의 어떤 문제를 염두에 두고 만든 상품인가요? 그런 문제를 가진 잠재고객이 모여 있는 곳을 아는 대로 적어보세요.

3 잠재고객이 모여 있는 곳에서 본인의 콘텐츠를 얼마나 많이 그리고 오래 노출했나요?

4 잠재고객의 정보를 확보할 수 있는 랜딩페이지(광고, 검색을 통해서 노출된 링크를 통해 잠재고객이 처음으로 방문하는 웹페이지)가 있나요? 랜딩페이지에서 고객에게 무료로 주고 있는 게 있나요?

게으르지만 콘텐츠로 돈은 잘 법니다

5 상품 소개 페이지를 읽었을 때, 본인도 본인 제품을 사고 싶은 마음이 뜨겁게 올라오나
   요?

6 시작한 지 얼마 되지 않았다면, 신뢰를 어필하기 위해 어떤 노력 중이신가요?

이외에도 더 많은 질문을 구체적으로 짚다보면 좀 더 방향이 잡힙니다. "역시 제 아이템이 매력이 없는 걸까요?"라고 자기 아이템에 대한 의심을 하는 분들도 많습니다. 만약 시장조사도 하고, 고객의 불편함을 해결하려는 오랜 시행착오 끝에 아이템을 선택한 것이라면 그에 대한 의심은 마지막에 하라고 말씀드립니다. 즉, 아이템을 의심하기 전에 잠재고객을 염두에 두고 고객에게 도움되는 콘텐츠로 노출을 지속하는 작업, 상품 소개 페이지 내용과 발행한 콘텐츠를 더 섬세하게 다듬는 작업을 해보라고 조언합니다. 이 내용은 다음 3가지로 정리됩니다.

이 아이템이 최선일까?

내가 선택한 아이템이 뻔해 보여도 생각보다 훌륭할 수 있고, 어떻게 시장 반응이 나올지는 제대로 알리기 전에 함부로 흥행을 판단하기 어렵습니다. 충분히 고민했고 내가 좋아하고 잘할 수 있는 분야에서 선택했다면 믿고 다음 단계를 진행하며 검증해봐도 됩니다. 단, 검증의 시간을 가진 뒤, 결과를 보고 냉정하게 아이템을 바꿀 수 있다는 생각을 하시고요.

다음에 이어지는 2번째, 3번째 질문들로 충분히 검증해보고 맨 마지

막에 내가 공들여 찾은 아이템에 대해 의심해보세요. 설령, 나중에 아이템을 바꿔야겠다는 판단을 내리게 되어도, 2번째, 3번째 단계를 점검해보면서 다른 아이템으로 더 잘할 수 있는 기회를 배울 수 있으니까요. 아이템이 가장 본질이지만, 다음 2단계의 검증을 해보기 전 섣불리 판단하기 어려운 부분이기 때문에 다음으로 빨리 넘어가겠습니다.

충분히 잠재고객에게 노출이 되었는가?

고객에게 도움이 되는 콘텐츠, 그리고 그것을 통해 연결되는 상품 소개 페이지를 최대한 많은 잠재고객에게 노출시켰는지 점검해봅니다. 이 과정을 소홀히 하고 매출로 연결이 안 된다고 다른 원인을 찾으면 안 되니까요. 어느 정도로 노출해야 소홀히 하는 게 아닐까요?

강의 론칭하는 경우를 예로 들어볼게요. 제가 볼 때 강의력도 좋고 강의 제목도 좋고 강의 소개도 나쁘지 않은데, 사람이 안 모인다고 말씀하면서 제목과 소개를 바꾸고 주제도 새로운 것으로 자꾸 바꾸는 분들이 계십니다. 그런 분들에게 저는 조심스럽게 여쭤보지요.

"혹시 어디 어디에 강의를 노출하셨을까요?"

"제 블로그랑, 온·오프믹스에 올렸습니다."

얼마나 많은 분이 보실지 모르지만, 제 기준에서는 소홀히 노출한 것입니다. 강의를 알릴 수 있는 채널은 찾아보면 더 많고, 심지어 그런 채널(이벤터스, 탈잉, 크몽 등)에서 내 강의 광고를 대신해주기도 합니다.

내 비용을 들이지 않고도 이런 채널들을 통해 노출을 극대화할 수 있습니다. 이렇게 전문가에 물어보거나 검색하면 금방 나오는 채널, 그중에 무료인 곳들조차 홍보에 활용하지 않으면서 다른 게 문제 있다고 섣불리 판단하면 안 됩니다. 광고비를 쓰지 않더라도 잠재고객이 모여 있는 페이스북 그룹, 네이버 밴드, 네이버 카페, 오픈채팅방을 찾을 수 있습니다. 홍보할 수 있는 노력을 전부 해보세요. 소액으로 페이스북 광고를 하는 것도 괜찮습니다.

상품 소개 페이지 구성은 고객 친화적인가?

잠재고객이 구매 결정 단계까지 가면서 즐거운 감정을 유지하는지, 잠재고객이 상품 소개를 읽으면서 쉽게 이미지를 떠올릴 수 있는지 검토가 필요합니다. 이 부분을 신경 안 쓰고 아이템에 문제가 있다고 미리 판단하지 마세요.

때에 따라 이 파트는 전문가의 의견을 참고해서 가다듬을 필요도 있지만 기본적인 데이터 분석을 기반으로 여러 번 수정을 진행(A/B테스트)해보며 발전시킬 수 있습니다. 구글 애널리틱스를 통해서 고객이 내 세일즈 페이지에 얼마나 머무는지를 볼 수 있고 크레이지 에그^{Crazyegg} 같은 툴은 상품 소개 페이지에서 내가 강조하고 싶은 부분에 고객이 클릭을 많이 하고 시선이 많이 머무는 지 점검할 수 있게 해줍니다.

더 쉬운 방법이 있습니다. 내가 판매하는 아이템 카테고리에서 제일 잘하는 회사의 상품 소개 페이지나, 애플리케이션, 홈페이지를 참고하

크레이지에그(Crazyegg)를 통해 웹페이지에서 고객의 행동패턴을 추적해본 화면

면 어느 메시지가 어느 자리에 들어가고, 무엇이 빠져야 하는지 파악할 수 있습니다(그대로 베끼라는 말이 절대 아닙니다). 그것을 참고해서 응용하면 데이터 분석이 반영된 효과를 일부 얻을 수 있습니다.

저는 광고비를 들이지 않고 매출을 내는 법만 생각해서 이런 분석을 많이 한 편이고 저만의 세일즈 페이지 구성 포인트가 있어서 강의 때 말씀드려왔는데 이 책에도 그 내용을 공개하고 있습니다. 지금처럼 계속 몰입해서 읽어주세요.

수강생분들이 제가 만든 상품 소개 페이지의 구성을 그대로 하고 내용만 본인 것으로 바꿔서 구매로 전환되는 일이 일어나는 것을 볼 때, 효과는 확실히 있는 거겠지요? 사업 초반, 매출이 안 나와서 걱정인 독자

게으르지만 콘텐츠로 돈은 잘 법니다

분이라면 2,3,1 순서대로 검증해보길 추천드려요.

본론으로 들어가서, 제가 의뢰를 받고 간단한 피드백으로 2억+@ 매출로 연결한 사례를 말씀드릴게요. 이 아이템과 관련해서 이해당사자분이 여럿 계시기 때문에 교육 아이템으로 빗대어 설명해드리겠습니다. 얼마든지 다른 아이템에 적용이 가능하다는 뜻이기도 합니다.

저는 비싼 교육을 파는 프로젝트를 맡았습니다. 교육을 주최하는 분들은 인플루언서였습니다. 여러 인플루언서분들이 모여 만든 교육이었기에 관심도 높았습니다. 교육 안내 홈페이지로 유입되는 트래픽도 많았습니다. 시범적으로 진행된 첫 교육의 만족도도 높았습니다. 그래서 좋은 후기들도 많았습니다.

그런데 2회 차부터 사람들이 모이지 않았습니다. 교육 프로그램은 다른 교육에 비해 값이 비쌌습니다. 제가 앞서 3가지 검토할 것들을 말씀드렸죠? 독자님이라면 이 교육 상품에서 어떤 것부터 검토하고 싶으세요?

어떤 것부터 검토할지 저도 고민했는데요. 그 과정을 같이 추적해볼게요. 아이템에 대한 검증은 일부 완료가 되었습니다. 첫 교육 후 만족도 높은 후기가 많았기 때문입니다. 가격이 비싸긴 했지만 앞서 말씀드렸듯이 아이템의 가치에 확신이 있고, 가격이 정당하다 판단했다면 최대한 다른 검증을 한 뒤 바꿔도 괜찮습니다. 노출, 트래픽도 검증 대상이 될 수 없었습니다. 인플루언서분들을 통해서 트래픽은 계속 발생하고 있었으니까요.

이제 남은 것은 무엇인가요? 맞습니다. 저는 상품소개 페이지가 친화적인가부터 검증하기로 했습니다. 얼마나 많이 방문하느냐가 중요한 게 아니라, 어디로 방문하느냐가 중요합니다. 인플루언서분의 링크를 통해 잠재고객이 만나는 페이지는 군더더기 정보들도 많았고 회원가입도 필요했습니다. 링크들 통해 유입은 많았지만, 교육 상품 소개를 찾다가 지쳐서 사람들은 이탈했습니다.

상품이 궁금해서 링크를 눌러봤을 때, 그 내용에 해당하는 정보만 화면에 떠야 합니다. 그런데 그 외에 회원가입부터 다른 행사 정보도 뜨다 보니, 의식의 흐름은 끊깁니다. 의식에 충돌이 발생하고 페이지를 떠납니다. 트래픽이 아무리 많아도 링크를 타고 들어오기 전과 후의 흐름이 유지가 되지 않으면 구매 전환이 일어나지 않습니다.

그래서 저는 상품 소개 페이지 링크를 알리는 소개 글을 새로 정리했습니다. 소개 글과의 연결성을 고려해서 의식 흐름이 유지되도록 필요한 정보만 간단하게 전달하는 페이지를 구글폼(고객 정보를 입력 받을 수 있게 구글이 제공하는 무료 설문폼)으로 만들었습니다. 이렇게만 해도 구매 전환율이 올라갈 거라고 생각했습니다. 이에 더해서 고객의 결제를 좀 더 편하게 만들면 더 구매로 연결이 쉬울 것 같아서 다음과 같은 작업을 했습니다.

상품 소개 페이지에서 고객이 궁금해하는 내용, 많이 하는 질문 위주로(커리큘럼, 강사진, 교육 효과, 차별점, 사진, 영상) 정보를 올렸고, 불편한

로그인 없이 결제하고 싶은 분은 전화번호를 남기도록 했습니다. 같이 교육에 참여할 분이 계시면 그 숫자도 적어달라고 했습니다.

한 번에 여러 명을 교육에 동참시키는 것을 염두에 두게 하는 질문이었습니다. 이런 질문으로 동반 교육자를 더 적은 분들이 계셨고 당연히 더 큰 매출로 연결되었습니다.

기존에는 회원가입하고 상품페이지를 찾아서 공인인증서를 통해 복잡하게 결제를 했습니다. 하지만 제가 만든 상품 소개 페이지에서는 편하게 결제하고 싶은 분들이 통화하면서 바로 카드 결제하거나 입금하셨습니다. 이 과정에서 비용이 추가된 것은 없습니다. 광고비를 쓰지도 않았습니다. 트래픽은 이미 충분했으니까요.

저는 단지 잠재고객의 머릿속에 어떤 그림을 그릴지 염두에 두고 상품 소개 글을 적었고, 고객이 궁금한 내용만 간략하게 전달하는 구글 폼으로 상품 소개 페이지를 만들었습니다. 보유한 인력을 활용해서 전화 통화로 결제 단계에 드는 고객의 수고를 덜어드렸습니다. 비용이 들지 않는 간단한 피드백으로 교육 상품은 1주일이 안 되어서 완판을 했습니다. 교육 진행에 필요한 공간, 차량, 숙소 예약이 되어 있어 목표한 수강생을 모으지 않으면 큰 손해를 보는 상황이었습니다. 다행히 이 교육은 제가 세팅한 방식으로 매 회 차 수강생을 마감시켜갔습니다.

상품이 정말 좋은데 매출이 안 나서 걱정이라면 제가 말씀드린 3가지를 바탕으로 빠르게 진단하고 피드백하면서 진행해보세요. 중요한 선택의 기로에서 시간과 비용을 환상적으로 아낄 수 있을 테니까요!

콘텐츠 해커의 정리!

아이템에 대한 확신이 들었다면 일단 밀고 나가세요. 그리고 비용 들이지 않고 트래픽을 최대로 만드는 방법을 찾고 고객 입장에서 이해하기 편하게 상품 소개 페이지를 업그레이드하면서 아이템을 검증할 수 있습니다. 고객이 기대하고 보고 싶은 상품 소개 페이지를 만들면 됩니다. 더 구체적인 사항은 뒤에 콘텐츠로 돈버는 6단계를 설명하는 파트에서 안내드릴게요. 혹시 지금 물건을 팔고 계신가요? 만약 제품 판매가 일어나지 않고 있다면, 어떤 이유 때문일까요? 위에 언급한 3가지 중 어떤 게 부족한지 진단해보고 블로그에 간단히 정리해보세요.

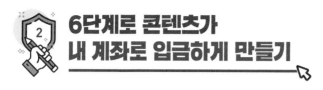

6단계로 콘텐츠가
내 계좌로 입금하게 만들기

깔때기 모양의 그림은 보통 '세일즈 퍼널'이라고 불리는데 제가 우리나라에서 적용해보면서 적절한 용어로 바꿔 강의하고 있습니다. 콘텐츠를 아무리 열심히 만들어도 사람들이 다 관심을 주지는 않습니다. 관심 주는 사람이 있어도 결제 단계까지 가지 않는 경우가 대부분입니다. 결제하고 심지어 제품을 홍보까지 해주는 고객은 아주 일부에 해당합니다.

　이렇게 사람들이 내 콘텐츠에 관심을 두게 되는 맨 위 단계에서 아래로 내려갈수록 이탈이 생기기 때문에 깔때기 모양으로 좁아집니다. 콘텐츠를 만들어서 잠재고객에게 도달하고 그들에게 뾰족한 메시지를 전달해서 관심을 끌고, 추가 자료와 혜택을 제공하는 조건으로 고객정보(메일, 연락처)를 확보하고, 잠재고객의 문제를 해결해줄 수 있는 솔루션이 포함된 자료를 무료로 제공하고 충분히 만족한 고객이 결제하며 결제 이후에 커뮤니티 안에서 관리되면서 안심하고, 고객이 제품의 홍보까지 참여하는 단계를 뜻하는 그림입니다. 단계별 키워드를 하나씩 짚어보면 다음과 같습니다.

먼저 인지 단계입니다. 콘텐츠를 제작하고 SNS를 비롯한 다양한 채널에 유통하면서 잠재고객을 모으는 단계입니다. 제작한 콘텐츠가 최대한 사람들 눈에 띄도록 하는 게 목적입니다. 다양한 채널에서 콘텐츠가 발행되는 것도 중요한 사항이지만, 더 중요한 것은 정기적으로 발행되느냐, 얼마나 지속되느냐 입니다. 콘텐츠 마케팅을 제대로 하고 있는 기업이라면, 텍스트, 음성, 영상 콘텐츠가 정기적으로 발행되는 모습을 띄고 있어야 합니다. 그래서 콘텐츠 발행을 목 빠지게 기다리고 있는 구독자가 존재하는지가 콘텐츠 마케팅을 제대로 하고 있느냐 아니냐를 가르는 기준입니다.

저는 매주 6년간 한 주도 빠짐없이 메일 발송을 했습니다. 만약 메일

콘텐츠백수 수업에서 다루는 콘백깔때기

게으르지만 콘텐츠로 돈은 잘 법니다

발송이 조금이라도 늦어지면 왜 발송이 안 되느냐는 문의가 오는 등의 반응이 나와야 합니다. 깔때기 내용을 하나씩 구체적으로 다룰 텐데 어떻게 콘텐츠를 효율적으로 제작하고, 어떻게 채널을 선택하면 좋을지 다음 챕터부터 자세히 이야기하겠습니다.

다음은 고려 단계입니다. 잠재고객에게 좀 더 뾰족한 내용을 전달하는 부분입니다. 기업이 진짜 잘하는 것과 덜 잘하는 것을 확실히 구분해서 노출하고 결이 잘 맞는 고객을 만나는 데 필요한 단계입니다. 고객에게 도움되는 폭넓은 콘텐츠를 발행하는 가운데 강점을 확실히 어필하는 뾰족한 콘텐츠가 있어야 충성도 높은 고객이 생기고 제품에 대해 오해하는 고객도 줄어듭니다.

예를 들어 마스크 팩과 관련된 콘텐츠를 만든다면 인지 단계에서는 화장품을 바르는 것보다 마스크 팩이 더 좋은 이유들을 콘텐츠로 만들 수 있습니다. 고려 단계에서는 수분 보충할 것이냐 미백을 할 것이냐를 비교해서 다루는 콘텐츠를 만듭니다. 만약 내가 만든 마스크 팩이 수분 보충에 특화되어 있다면 그 부분을 어필하는 내용을 콘텐츠로 만들어서 그 문제를 겪고 있는 고객이 내 제품을 살까말까 고민하게 합니다. 미백을 고민하는 고객에게는 굳이 내 제품을 고려하지 않게 하는 것도 이 단계의 역할입니다. 이 부분을 제일 어려워하는데요. 뒤에서 구체적으로 다룰 때 이 단계를 잘 활용하는 인플루언서의 반전 수익 구조도 소개하겠습니다. 그걸 보면 좀 더 이해가 잘 되실 겁니다.

세 번째, 호감 단계입니다. 고려 단계를 통해 오디언스에게 필요한 뾰족한 솔루션을 가지고 있다는 것을 콘텐츠로 호감을 샀다면, 호감 단계로 가는 게 수월해집니다. 관심이 충분히 생긴 잠재고객에게 추가적인 혜택을 무료로 더 주며 호감을 쌓는 단계입니다. 주는 방식은 다양합니다. 비공개 영상, PDF 파일, 이메일 코스, 시제품을 줄 수도 있고 오프라인 행사 초대나 온라인 커뮤니티에서 등급을 높여주는 식으로도 가능합니다. 이 단계로 부드럽게 넘어가기 위해서 사전에 필요한 게 있습니다. 추가 혜택을 안내받을 수 있도록 잠재고객이 자신의 정보를 제공해야 합니다.

잠재고객이 추가적인 혜택을 원한다면 이메일 입력, 카카오톡 채널 구독, 카페 가입을 하라고 안내할 수 있습니다. 이렇게 행동을 요청하는 것을 '콜 투 액션'이라 부릅니다. 앞선 2단계를 통해서 기업의 서비스를 정확히 알고 신뢰 관계가 구축된 잠재고객의 정보를 확보하는 게 관건입니다. 혹하는 문구로 관심도 없는 고객의 정보를 다량으로 확보해봤자 관리 비용도 많이 들고 매출로 전환되는 비율도 낮습니다. 뒤에서 이 단계를 구체적으로 다룰 때는 제가 어떤 툴을 사용하고 무료로 어떤 혜택을 주는지 말씀드리겠습니다.

네 번째, 구매 단계입니다. 기업은 이 단계까지 잠재고객을 데려오고 싶어서 큰 비용을 사용합니다. 하지만 이 단계에서 제일 많은 이탈이 생깁니다. 물론 이 단계에서 전화나 대면 세일즈가 개입되면, 매출로 연결되는 비율은 높아집니다. 만약 앞선 3단계를 제대로 거치지 않은 잠재 고객에게 전화나 대면으로 세일즈를 하면, 매출로 연결되기도 어렵지 만, 매출이 발생하더라도 고객의 클레임 비율이 높습니다. 오프라인 세 일즈에 자신이 있어도 앞선 3단계 이후에 진행하는 게 매출로 연결하기 좋고 고객 관리도 편합니다. 실제로 오프라인 세일즈에 강점이 있는 업 체들이 앞의 단계를 추가하면서 매출이 급등하고 고객 만족도가 높아진 코칭 사례가 많습니다. 저의 경우는 오프라인 설득 단계 없이 온라인상 의 콘텐츠만으로 만족해서 큰 금액을 결제하는 방식까지 설계해서 돈을 벌고 있는데 다른 분들도 충분히 적용 가능했던 부분입니다.

온라인상에서 고객 스스로 선택하면서 만족스러운 결제를 하도록 설 계하는 부분은 뒤에 구체적으로 다루면서 언급하겠습니다. 이 단계에 서 상품소개 페이지도 여러 번 수정하고 세일즈 문구, 가격, 제품 구성도 바꿔보는 A/B 테스트를 반복합니다.

다섯 번째, 안심 단계입니다. 경험이 없는 곳은 4번 단계까지만 설계 하는 실수를 범합니다. 하지만 고객의 불안은 구매 이후부터 시작된다 는 것을 알아야 합니다. '결제 이후, 관리 받지 못하면 어떡할까? 회사가 망하면 어떡할까?' 등등 고객은 다양한 걱정을 합니다. 결제 후 시작되 는 고객의 걱정을 해결해 줄 장치가 필요합니다. 저는 커뮤니티를 구축 해서 고객이 그 안에서 질문하고 답변하는 방식으로 해결하고 있습니 다. 그 외에도 안심을 할 수 있는 장치는 더 찾을 수 있습니다.

카카오채널이나 채널톡 같은 서비스들은 고객이 자주 하는 질문을 올려놓고 질문받으면 자동으로 답변하는 기능도 있습니다. 고객이 많아지기 전에 이런 단계를 미리 고민해두세요. 그렇지 않으면 어설픈 관리로 결제한 고객에게 혼란을 줘서 서비스를 제공하고도 욕먹는 상황에 놓입니다. 뒤에서 구체적으로 이 파트를 다룰 때는 제가 어떤 툴을 사용하고, 어떤 내용을 전달하면서 이 단계를 커버하는지 말씀드리겠습니다.

마지막으로 팬덤 단계입니다. 고객이 팬이 되어서 대신 홍보하는 단계까지 온 것은 훌륭한 제품과 더불어 고객 관리에도 충분히 많은 노력을 들인 결과물입니다. 크고 작은 마음고생도 많았을 것이고요. 그에 대한 보상을 받는 단계입니다. 앞의 다섯 단계를 차근히 밟아온 고객만이 6번 단계를 밟도록 하는 게 안전합니다. 아무나 팬을 자처하도록 하면 안 됩니다. '아니, 팬이 생기면 다 좋은 것 아닌가요?'라고 반문할 수 있는데요. 그렇지 않습니다. 기업을 잘 모르는 사람(1~5단계 거치지 않아서)이 뜻하지 않게 광팬이 되면, 그 팬을 통해서 잘못 홍보되는 메시지는 잘 짜놓은 판을 엎어버리기도 합니다. 그것도 의도치 않게 말이지요. 나에게 피해를 주는 행동인데 팬에게 불만을 제기하기도 어려운 이상한 상황이죠.

그러므로 앞의 5단계를 잘 거치면서 기업의 상품에 대해서 오해도 없고, 제대로 알고, 관계도 좋은 소수의 팬을 제대로 키우는 게 훨씬 마음 편합니다. 저 역시 섣불리 팬이 되려는 잠재고객에게는 반드시 1~5단계를 거치고 나서 팬을 자처하길 권합니다. 차라리 그때 확실하게 표현하는 게 나중에 곤란한 문제를 일으키지 않습니다. 6단계에서 팬에게 제공할 수 있는 것들은 뒤에 구체적으로 말씀드리겠습니다.

 콘텐츠 해커의 정리!

'콘백깔때기'라는 6단계 모델을 통해서 모든 기업은 콘텐츠 마케팅의 큰 그림을 쉽게 그릴 수 있고 지금 부족한 부분도 파악할 수 있습니다. 광고비를 줄이고 매출은 높이고 고객의 만족도는 높이며 인건비는 줄이고 싶은 기업이 있다면 이 깔때기를 본인 사업에 적용 시켜보세요. 고객에게 고맙다는 말을 들으면서 고객이 대신 홍보해주는 선순환을 하게 하는 마법 같은 모델이니까요.

콘텐츠를 활용해 효율적으로 신뢰도 구축하기
세일즈 퍼널 1단계_인지

콘텐츠를 만들어 SNS에 업로드 한다고 다 콘텐츠 마케팅이 아니라고 앞에서 강조했는데요. 콘텐츠 마케팅의 조건을 충족하고 수익 증대에 기여하기 위해서는 콘텐츠가 다음 3가지 특징을 갖춰야 합니다.

1 콘텐츠 그 자체로 돈을 낼 만큼의 가치가 있어야 한다.

2 특정 요일과 시간에 정기적으로 장기간 콘텐츠가 발행되어야 한다.

3 관련 콘텐츠를 소비하는 잠재고객이 소통할 수 있는 공간이 마련되어야 한다.

SNS에 글을 올리고, 유튜브를 하고 콘텐츠 제작팀이 따로 있고, 페이스북, 구글 광고를 한다고 해서 콘텐츠 마케팅을 한다고 착각하면 안 됩니다. 콘텐츠 마케팅이 어렵다고 말하는 분들이 보통 이런 착각을 합니다. 변화하는 소비 패턴을 감지하고 장기적인 비전을 그리는 기업, 고정비의 무서움을 아는 기업이 아니면, 콘텐츠 마케팅 전략이 뿌리내리기

게으르지만 콘텐츠로 돈은 잘 법니다

쉽지 않습니다. 일단 상품을 만들고 돈을 써서 빨리 알리고, 수익이 적고 고객 불만이 높아도 당장 매출 올리는 게 전부라고 여기기 때문에 콘텐츠 마케팅을 받아들이기 힘듭니다. 이럴 때는 오로지 광고를 위한 콘텐츠 제작만 하게 됩니다.

광고를 위한 콘텐츠 전략은 콘텐츠 발행으로 구독자를 만들고 충성고객을 만드는 콘텐츠 마케팅과 180도 다릅니다. 예를 들어 실시간 검색에 상품이 떴을 때, 콘텐츠 마케팅을 하던 기업에서는 그 힘으로 꾸준히 구매전환이 발생하고 운영하는 채널의 구독자가 늘고, 커뮤니티에서 구매 관련 질문들이 올라옵니다. 광고를 위한 콘텐츠만 발행하고 그 과정에서 실시간 검색에 노출되었다면, 반짝 트래픽은 생기지만 꾸준한 구매 전환은 이뤄지지 않습니다. 콘텐츠가 다 광고라는 것을 모두가 느끼기 때문입니다. 소비자는 점점 더 광고에 민감해지고 있습니다.

그럼 콘백깔때기 중에 첫 번째인 인지 파트를 자세히 들어가 보겠습니다. 기업은 판매하는 상품이 어떤 고객의 어떤 문제를 해결하는지 계속 고민하고 발전시켜가야 합니다. 이런 고민 없이 상품을 광고하는데 급급한 콘텐츠를 만들면, 이 글 초반에 언급했던 기준 (1.콘텐츠 그 자체로 돈을 지불할 가치가 있어야 한다)에서 탈락입니다. 콘텐츠 자체로 가치가 있어야 하고 그러기 위해서는 문제 해결(즐거움 포함) 요소가 결부되어 있어야겠지요? 텍스트, 카드 뉴스, 음성, 영상 혹은 오프라인 행사에 문제 해결 요소를 녹여서 정기적인 발행을 하고 잠재고객에게 도달되는 게 인지 단계입니다.

콘텐츠 마케팅을 하겠다는 개인이나 기업에게는 글을 먼저 쓰게 합니다. 그래서 보통 네이버 블로그, 브런치, 워드프레스 사이트에 글을 정기적으로 발행하고, 구독자를 모으는 것부터 시도합니다.

'왜 하필 글이냐? 글쓰기 귀찮고 너무 어려운데?'라고 하실 수 있습니다. 저는 처음으로 했던 대중 강연에서 머릿속이 하얘지는 경험을 했습니다. 그리고 그 공포감은 점점 더 커졌습니다. 그래서 글쓰기라도 잘해서 정보를 전달하자 생각하고 대학 졸업 이후부터 글쓰기 연습을 진지하게 시작했습니다. 좋아하는 책을 읽고 그 책의 문체로 제 글을 써보는 연습을 했습니다. 일기도 꾸준히 썼습니다. 이후 매주 사업 문서 10페이지와 동기부여 메일을 쓰는 서비스로 돈을 벌기 시작했습니다. 300주 넘게 동기부여 메일도 보내고 사업 문서도 만들고 책도 쓰고 메일 코스도 만들고, 칼럼도 쓰면서 어느새 저는 글과 무척 친해져 있었습니다. 글과 친해지자 일상에서 만나는 글감들이 그대로 손끝을 통과해 저만의 글로 탄생하는 경험을 하는 중입니다.

단언하는데 글 하나만 제대로 자주 써도 잠재고객을 만족하게 하고, 충성 팬을 만드는 데 어려움이 없습니다. 다만, 다양한 채널에서 여러 형태의 콘텐츠를 접할 때 신뢰감을 더 줄 수 있으므로 쓴 글을 가공해서 영상과 카드 뉴스, 음성을 만들어 여러 채널에 업로드합니다. 공들여서 쓴 글은 꽤 괜찮은 스크립트가 됩니다. 이런 스크립트를 읽으면서 영상을 찍으면 기획이 잘 된 영상이 탄생합니다.

이렇게 유튜브에 업로드한 영상은 https://ytmp3.cc라는 사이트에서

게으르지만 콘텐츠로 돈은 잘 법니다

링크를 넣으면 바로 음성 파일로 추출됩니다. 이 음성 파일을 팟빵이나 네이버 오디오 클립에 올려서 오디오 채널을 또 키울 수 있습니다.

네이버 오디오 클립

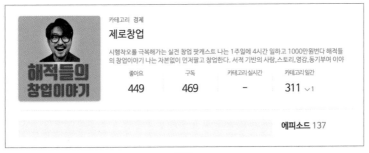

팟빵

또 글을 바탕으로 카드 뉴스를 제작해서 인스타그램과 같은 채널에 올립니다. 지금까지 제가 글 하나를 정기적으로 발행하면서 브런치와 홈페이지에 구독자를 모으는 동시에 여러 채널을 동시에 키우는 핵심전략을 말씀드렸습니다. 직원이 없어도 여러 채널을 한꺼번에 키울 수 있는 노하우입니다.

 콘텐츠 해커의 정리!

이번 챕터의 내용을 정리하면 다음과 같습니다.

1. 잠재고객의 문제 해결에 도움이 되는 콘텐츠를 정기적으로 발행한다.

2. 자신이 편한(이왕이면 글) 방식으로 콘텐츠를 발행한다.

3. 그것을 재가공해서 여러 형태의 미디어로 다양한 채널에 올린다.

적은 노력으로 더 많은 잠재고객에게 노출되어서 신뢰감을 줄 수 있습니다. 좀 더 방대한 콘텐츠를 만들고 싶거나 팀이 존재한다면 콘텐츠 기획과 발행 스케줄을 짜는 게 좋습니다.

이럴 때는 SNS 발행을 예약하는 프로그램을 사용하면 편합니다. 저는 버퍼(https://buffer.com)라는 프로그램을 주로 사용합니다.

'당신은 내 고객이 아니다'는 사실 배려의 말
세일즈 퍼널 2단계_고려

"당신은 나의 고객이 아닙니다."

이게 배려의 말이라는 게 믿어지시나요? 이 말은 내 상품에 충분히 만족하지 못할 사람이 괜히 시간 낭비할 것을 방지하게 하는 진짜 배려의 말입니다. 특히 이 말은 원래 서비스를 제공하려던 잠재고객에 "이것은 다른 사람이 아닌 오직 당신을 위한 것입니다."라고 말하는 것과 같은 효과를 낸다고 세스 고딘Seth Godin이 강조했습니다. 고려 단계는 이런 구체적이고 나에게 적합한 콘텐츠를 제공하는 곳이라면 내 문제를 충분히 해결할 수 있겠다고 잠재고객에게 느끼게 해주는 단계입니다.

유튜브 채널을 성장시키고 싶어 했던 A라는 분을 예로 들어보겠습니다. 이 분은 유튜브를 어떻게 시작하고 콘셉트를 어떻게 잡으며 어떻게 촬영하면 좋을지 열심히 공부했습니다. 온·오프라인을 넘나들며 열심히 수업을 듣고 유튜브에 영상을 올립니다. 하지만 1년이 지나도 유튜브는 지갑에 돈을 채워 줄 생각이 없어 보였고 구독자 수는 정체되었습니다.

그러다가 A는 우연히 제 강의를 듣게 되었습니다. 저는 초보 유튜버가 영상에 쉽게 접근하는 이야기를 많이 합니다. 초보 대상 영상 강의는 많습니다. 하지만 대부분 구독자와 시청시간을 어떻게 빨리 올려서 돈을 버는지를 이야기합니다.

저는 구독자와 조회 수로 광고 수익을 올리는 것 말고 더 다양하게 수익을 창출할 수 있는 노하우와 사례를 이야기합니다. 그리고 깊이 들여봤을 때 A가 원하는 것은 구독자가 빨리 오르는 게 아니었습니다. 오히려 구독자가 많아지면서 받는 압박을 두려워했습니다.

자신이 하고 싶은 이야기를 하는 게 아니라 구독자가 원하는 모습에 자신을 억지로 맞춰 가는데 두려움이 있고, 악성 댓글에도 민감했습니다. 그래서 구독자를 많이 확보해서 광고 수익을 얻는 접근은 A에게 필요한 건강한 솔루션이 아니었습니다. 그 때 저의 접근은 A가 가지고 있던 문제를 해결할 수 있었습니다. 저는 구독자를 빠르게 많이 만드는 것보다 결이 맞는 구독자 위주로 천천히 채널이 커지면서 수익 전환하는 방식으로 비즈니스 모델을 설계하는데 특화되어 있었기 때문입니다.

구독자를 빠르게 올리는 방법들은 검색하면 금방 찾을 수 있습니다. 저는 그런 방식에 관심 있는 사람들을 위한 콘텐츠를 만들지 않습니다. 그 방식이 잘 맞지 않고, 한계를 느낀 사람에게 호감을 살 수 있는 아이디어만 연구하고 콘텐츠를 생산합니다. 그래서 저는 남들과 다른 솔루션을 가지고 있는 사람이 되었고 다른 관점을 가졌다는 이유로 여러 기

게으르지만 콘텐츠로 돈은 잘 법니다

업을 코칭할 수 있었습니다. 이것은 제가 다루는 분야와 다루지 않는 분야를 명확히 드러내서 좁은 타깃을 설정했기 때문에 얻게 된 성과입니다.

고려 단계는 나와 결이 맞는 오디언스에게 맞춘 뾰족한 내용을 담은 콘텐츠 발행을 강조합니다. 잘하는 것과 잘하지 못하는 것을 명확히 드러낼 때 콘텐츠 내용은 뾰족해집니다.

사업을 처음 시작하는 분 중에는 대중에게 내 상품이 많이 노출되어서 판매되면 돈을 벌 수 있다고 착각하는 경우가 종종 있습니다. 저도 아무것도 모르고 사업을 처음 배울 때 그게 정답인 줄 알았습니다.

하지만 그렇게만 접근하면 결이 맞지 않거나 상품에 대해서 과한 기대를 가진 고객과의 접점이 계속 늘어납니다. 그런 고객이 지속해서 유입되면 매출이 발생한 뒤에 감당할 시간과 비용 부담(주로 인건비)은 커지게 되고 매출은 큰데 손에 쥐는 돈이 없게 됩니다. 잠재고객에게 "내 상품은 당신의 문제를 두루두루 다 잘 해결해 줄 수 있어"라고 잘못된 기대치를 가지게 했을 때, 반드시 이런 문제가 발생합니다.

제가 유튜브로 돈 버는 방법을 코칭한다고 하면 구독자를 많이 올리는 방법을 알려줄 거라 기대할 것이고 그것은 잘못된 기대치를 가지게 한 것입니다. 저는 실제 돈을 버는 것에 특화된 내용을 다루기 때문에 구독자 빨리 올리고 싶어서 온 수강생의 만족도는 떨어집니다. 그래서 저는 제가 명확히 줄 수 있는 도움을 언급하고, 하지 않는 것에 대해서도 정확히 언급합니다.

이처럼 발행하는 콘텐츠를 통해서 우리 회사가 잘 해결할 수 있는 문제와 그렇지 않은 문제를 정확히 짚어 줘야 합니다. 이왕이면 못하는 부분은 확실히 못 한다고 드러내는 게 좋습니다. 저는 비용 지불하는 광고를 어떻게 잘하는지는 모릅니다. 잘 모른다고 강의에서도 이야기합니다. 저는 브랜드를 살리는 창의적인 카피를 고객 관점에서 도출하고, 콘텐츠 제작 담당자의 잠재력을 끌어내서 콘텐츠 방향을 잡고, 회사의 팬을 만들 수 있는 콘텐츠 제작과 유통 전략을 짜는데 최적화되어 있고 그 과정에서 홈페이지를 만들고 자동화 세일즈 시스템을 구축합니다. 그 외의 부분에 대한 문의는 다른 부분을 잘하는 파트너분들(김기현, 김인숙, 안혜빈 대표)와 협업을 통해서 해결합니다.

식당을 열면 메뉴를 다양하게 늘려서 매출을 늘리고 싶은 욕심이 듭니다. 메뉴 숫자가 늘어나는 만큼 고객도 증가할 거라 기대합니다. 하지만 생각 없이 메뉴를 늘리면 본연의 특색은 사라지고 맛은 평범해지며, 재고 관리는 안 되고 가격 경쟁력도 사라집니다. 이 과정에서 오던 손님도 끊깁니다. IT 제품을 리뷰하는 유튜버가 주력 제품군을 벗어나서 우후죽순으로 카테고리를 늘려서 리뷰하면 채널의 전문성은 떨어질 수밖에 없습니다. 어렵게 구축한 IT 제품 리뷰 타이틀을 다른 유튜버에게 뺏깁니다.

바비큐 기구 리뷰 유튜버Postal Barbecue도 다른 종류의 리뷰 제안을 거절하며 자신이 제일 잘하고 좋아하는 분야에 집중된 리뷰를 하면서 천천히 구독자를 높여갔습니다. 이 유튜버는 해당 카테고리에서 전문성을 인정받고, 구독자도 해당 카테고리에 특화된 팬들이기 때문에 영상으로 본 뒤에 제품 구매로 전환되는 비율이 높았습니다.

그래서 이 유튜버는 자신이 리뷰한 상품을 아마존과 이베이에서도 판매하고, 후원을 받으면서 돈을 벌었습니다. 바비큐 기구 전문 리뷰어로 활동하면서 자신보다 구독자가 훨씬 많은 같은 주제의 채널보다 몇 배로 돈을 더 벌고 협찬도 더 받았습니다. 자신이 제일 좋아하면서도 잘하는 일만 했고, 그 외는 못한다고 거절했습니다. 구독자들은 이런 그의 행동에 더 신뢰를 느끼고 높은 만족도로 상품을 구매했습니다. 이처럼 게으르면서도 고객과 원원하며 돈 벌기 위해서 고려 단계가 필요합니다. 광고비와 인건비는 덜 쓰고, 스트레스는 덜 받고, 손에 쥐는 돈은 더 커지도록 방향을 설정한 기업과 그렇지 않은 기업은 앞으로 점점 더 많은 격차가 발생할 것입니다.

고려 단계를 마무리하면서 한 가지 오해하실 것 같아 덧붙입니다. 여러 분야로 사업 확장을 하지 말라는 의미가 아닙니다. 좁은 분야에 특화된 콘텐츠 위주로 생산하는데 충분한 시간을 투자하고 그 분야만 전담할 파트너와 협업하면서 하나씩 확장하는 게 안전합니다. 지금 하는 사업이 조금 잘 된다고, 돈 될 만한 아이템들을 한 곳에 다 섞어버리면 애써 만든 전문성이 무너지기 딱 좋습니다.

1인 기업, 스타트업, 자영업, 중소기업 모두 마찬가지입니다. 지금 다루는 좁은 분야를 의미 있는 궤도에 올리는 것을 최우선 목표를 두고, 다른 분야의 욕심은 잠시 내려놓는 게 좋습니다. 잘하는 것과 잘하지 못하는 것을 명확히 언급하면서 말이지요. 이렇게 '고려 단계'가 완성됩니다. 그리고 이 단계를 잘 밟아야 다음에 진행되는 호감 단계가 제대로 힘을 발휘합니다.

 콘텐츠 해커의 정리!

콘텐츠를 정기 발행하면서 구독자를 많이 모으는 것도 중요하지만 더 중요한 것은 실제로 고객이 될 확률이 높고 소통하기 편하며 회사를 홍보해 줄 구독자 위주로 모으는 것입니다. 그러기 위해서는 콘텐츠가 포괄적인 부분을 다 다루고 다양한 주제를 다루기보다는 회사가 가장 잘하는 좁은 범위를 제대로 다루는 게 중요합니다. 다양한 주제를 커버하면서 명확할 색깔도 없이 애써서 구독자를 많이 만들었다가 오히려 구독자를 실망시키거나 관리하는데 비용이 더 많이 드는 실수를 범하고 싶지 않다면 고려 단계의 의미를 다시 한 번 고민해보세요.

　　　　　　　게으르지만 콘텐츠로 돈은 잘 법니다

사업 고수는 돈 받기 전에 호감을 먼저 선물한다
세일즈 퍼널 3단계_호감

콘백깔때기 6단계 모형에서 3번째 단계에 해당하는 호감 단계를 말씀드릴게요. 사실 앞선 단계 모두, 잠재고객에게 호감을 전달하는 게 깔려있습니다. 이후 단계도 모두 호감 전달이 기본인데요. 3번째를 호감 단계로 부르는 것은 주는 것이 명백하고 잠재고객이 추가로 받는 것을 확실히 인지하는데 차이가 있기 때문입니다.

쉬운 예로 설명해 보겠습니다. 마음에 드는 이성을 처음 보고, 친해지고 싶으면 보통 어떻게 하나요? 아마도 연락처를 물어보겠지요. 연락처를 모르면서 내 매력을 알게 하려면 텔레파시를 하지 않는 이상 불가능합니다.

잠재고객에게도 가치 있는 정보를 전하면서 호감을 얻어야 하는데 이때 필요한 게 고객의 연락처입니다. 마음에 드는 이성의 연락처를 받는 것에 해당합니다. 앞선 2단계를 통해서 회사가 잠재고객의 특정 문제를 잘 해결할 수 있다는 기대감을 주는 데 성공했다면 3번째 단계에서 고객에게 연락처를 알려달라는 요청Call To Action을 하고 그 연락처로 필요한 정보를 제공하는 게 자연스럽습니다. 앞 단계가 허술하면 연락처 확보는 제대로 이뤄지지 않고, 결이 맞지 않는 연락처만 확보하게 됩니다. 예를 들어보겠습니다. 온라인 광고를 클릭했을 때 보험이나 다이어트 상품 소개페이지가 뜨고 개인정보를 입력하면, 선물을 주는 경우를 본 적 있으시지요? 광고를 보고 선물에 관심 있어서 상품 소개 페이지로 유입된 방문자는 자신의 문제를 제대로 인지를 못 하고 있는 상황입니다.

선물 때문에 고객정보를 입력한 고객이 전화 상담을 통해 구매로 연결되는 비율은 낮고 구매하더라도 만족도가 떨어지며 컴플레인을 받을 확률이 높습니다. 하지만 놀랍게도 여전히 많은 기업이 이렇게 효율이 떨어지는 방식에 비용을 쏟고, 이중삼중으로 관리 비용까지 줄줄 새고 있습니다. 고객 만족도를 떨어뜨리고, 내부 직원의 사기를 떨어뜨리며 대행 회사만 배불리는 비효율적인 방식입니다.

잠재고객이 자신에게도 꼭 정보를 달라고 요청하면서 연락처를 제공하고 싶게 하는 분위기를 인지와 고려 단계에서 만듭니다. 잠재고객의 요청에 따라 문제를 잘 해결해 줄 수 있는 서비스, 콘텐츠, 물품을 제공하고 그들에게 고마운 마음을 들게 하는 게 호감 단계입니다. 공짜 선물을 줄 테니까 일방적으로 정보를 입력하라는 접근은 여러모로 비효율적입니다. 자기 문제를 제대로 인식하고 적극적으로 해결하고 싶어서 요청한 것을 무료로 받을 때 만족도가 올라갑니다. 잠재고객 입장에서 충분히 가치 있다 느낄 정도여야 하고, 제공하는 입장에서도 손해 보지 않

게으르지만 콘텐츠로 돈은 잘 법니다

으며 줄 수 있는 게 좋습니다. 예를 들어서 무료 공개 행사도 호감을 주기 위해 잠재고객에게 제공하기 좋습니다. 현재 높은 몸값을 가진 강사들도 과거에는 무료 강의를 하면서 호감을 적립했던 사람들입니다. 이 과정에서 실력도 보강하고, 좋은 후기를 쌓으면서 천천히 몸값을 키웠습니다.

제조업도 줄 수 있는 것은 많습니다. 카메라를 판매한다면, 카메라 사용법에 대한 콘텐츠를 무료로 줄 수도 있습니다. 해산물을 판매한다면, 관련된 레시피를 잘 정리해서 무료로 줄 수도 있습니다. 회사가 전문성을 가지고 고객에 도움되는 상품을 판매한다면 업종에 상관없이 다 만들 수 있습니다. 단, 여기서 주의할 점이 2가지 있습니다.

첫 번째, 돈 낼 가치 있을 만한 것을 무료로 줘야 합니다. 고객의 비용이나 시간을 아껴줄 때 돈 낼 가치가 생깁니다. 이를 위해서 잠재고객과 교류하고 그들에게 도움되는 콘텐츠를 생산하며 그들이 진정 필요로 하는 게 무엇인지 연구해야겠지요.

저는 무료로 줄 수 있는 콘텐츠가 셀 수 없이 많습니다. 그 이유는 7년 넘게 잠재고객이 답답해하는 부분을 연구하고 해결하면서 텍스트와 영상 콘텐츠를 계속 만들어왔고 지금도 만드는 중이기 때문입니다. 그리고 그것을 자동화로 고객에게 전달되게 온라인상에 구축을 해두고 1만 명 이상이 그런 무료 코스를 누렸습니다. 인터넷에 떠다니는 자료를 생색내면서 무료로 주면 잠재고객들도 바로 알아차리고 가치도 느끼지 못합니다.

두 번째, 성급한 마음을 가지지 않습니다. 크게 벌고 싶다면, 초반에 철저히 기버^{Giver}의 자세를 유지하는 마음의 여유가 필요합니다. 저 역시 주고 또 줄 수 있는 여유를 스스로 트레이닝 했습니다. 한 번 가치 있는 것을 주었다고 본색을 드러내며 돌려받을 것을 요청하면 그간의 노력은 물거품이 됩니다. 회사 차원에서는 준 게 많다 생각할 수 있지만 잠재고객은 여전히 덜 받았다고 느끼는 경우도 많습니다.

제가 좋아하는 사업가 개리 바이너척은 '잽, 잽, 잽, 라이트 훅'이라는 말로 기준을 제시해줍니다. KO를 위해서는 라이트 훅만 날려도 안 되고, 잽만 날려서도 안 됩니다. 라이트 훅 한방을 위해 적어도 잽 3번은 날려야 합니다. 4번 온전히 주는 가운데 1번 정도 의도를 드러내면 적당합니다. 꼭 이 비율에 맞출 필요는 없지만, 더 많이 주는 가운데 내 의도는 살짝 담아야 진정성이 퇴색되지 않습니다. 보통 기버로 타고난 사람이 아니라면 이런 부분이 잘 이해가 되지 않습니다. 저 역시 그런 사람이고, 기버로 성공한 분들이 곁에서 끊임없이 저를 트레이닝 해주고 계시는 중입니다. 지금 제가 먹고 사는 건, 이 트레이닝 덕분이라 해도 과언이 아닐 정도로 기버로 사는 연습은 강력하고 익숙해지면 오히려 주는 상황에서 마음이 편해집니다.

말씀드린 2가지를 고려해서 잠재고객에게 호감을 주기 위한 콘텐츠, 이벤트, 서비스를 기획하세요. 고객에게 호감을 선물하는 단계까지 소개했는데요. 이 단계는 호감을 선물하는 단계이지만 고려 단계의 연장선이기도 합니다. 고객에게 기업의 색을 더 드러내고, 잠재고객이 오해할 수 있는 부분을 확실히 짚고, 못하는 것은 못 한다고 표현하는 것을 이 단계에서도 할 수 있기 때문입니다. 더 많이 기대하게 만들수록 고객은 돈을 더 많이 내고, 쉽게 결제를 합니다. 하지만 결제 이후 고객관리 부분에서 트러블이 많이 발생한다면 기대감 조절을 하면서 상품 퀄리티를 높여야 합니다.

물론 뛰어난 고객관리 팀이 있다면 결제 후 세련되게 조정할 수 있고 불만족한 고객의 마음을 되돌릴 기회는 생깁니다. 하지만 지금처럼 SNS를 통해 개인이 크고 작은 미디어 역할을 하는 환경에서는 고객의 기대감을 세밀히 조절하고 호감을 유지하며 돈을 받는 게 훨씬 더 중요해졌습니다. 빠르고 친절하며 세련된 고객관리가 실수 없이 진행되면 기업 이미지를 쇄신할 수 있지만 그게 조금이라도 삐끗하면 불만 있는 고객의 SNS 속도를 따라가지 못합니다.

제대로 고객관리 시스템을 갖추기 전까지는 상품에 대해서 최대한 보수적으로 고객의 기대감을 설정하는 게 현명한 접근입니다. 이것은 콘백깔때기 모형 첫 번째 단계부터 구축하면 자연스럽게 해결되는 문제입니다. 유기적으로 연결된 모형을 잘 떠올리면서 책을 읽어주세요. 한번 다 본 다음 2~3번 더 보면, 전체적인 그림이 보이고 더 잘 연결하실 수 있습니다.

콘텐츠 해커의 정리!

1. 호감 단계를 제대로 진행하기 위해서 앞 단계들이 중요하다.

2. 호감 단계에서 철저히 기버의 입장을 고수하고, 고객 반응을 살펴야 한다.

3. 무료 방식으로 콘텐츠를 제공하면서 호감을 쌓을 수 있다.

이 3가지가 이번 챕터의 핵심 내용입니다. 나는 무엇을 잠재고객에게 무료로 줄 수 있을까? 한번 편하게 아이디어를 떠올려보세요. 그리고 가볍게 블로그에 적어보세요.

잘 팔리는 세일즈 페이지 레시피 공개
세일즈 퍼널 4단계_구매

잠재고객의 문제 해결에 도움되는 콘텐츠를 정기적으로 제작하고 기업 브랜드를 인지시키는 1단계, 좁힌 타깃에 맞춤형 콘텐츠 위주로 발행해서 '내 서비스, 제품'과 잠재고객과의 연결성을 고려하게 하는 2단계, 더 가치 있는 콘텐츠와 경험을 무료로 주면서 고객 정보를 얻고 호감을 주는 3단계까지 다뤘습니다. 이 단계들만 파악해도 광고비 쓰는 것밖에 모르는 경쟁사와 차별화 하는 게 쉬워지고 격차를 벌릴 수 있습니다.

회사를 운영하면서 가격, 제품, 서비스만으로 차별화하는 게 점점 더 어려워집니다. 광고로 진성고객에게 도달되는 효율과 구매 전환율은 계속 떨어지고요. 1인 기업, 스타트업, 자영업, 대기업까지 모두 겪고 있는 문제이고 과거에 하던 방식대로는 뾰족한 대안이 없습니다.

사실 앞의 3단계만 잘하면 팬을 자처하는 잠재고객이 생깁니다. 그러면 설문을 통해 고객에게 필요한 서비스와 상품을 구체화하는 것도 가능하고 이 역시 매출로 전환되는 비율을 높일 수 있습니다. 고객과 소통하는 느낌을 주기 때문입니다. 회사가 발행하는 콘텐츠를 구독하는 사람들이 모인 커뮤니티를 구축하고 그들과 소통하면서 서비스와 상품을 기획하면 실제로 제품이 나오기 전에 미리 돈을 받고 판매할 수 있습니다. 제가 과거 3권의 책에서 계속 강조한 선 매출을 만들어서 무자본으로 창업하는 방식입니다. 인스타그램에 '마음을 위로하는 짧은 글귀'를 정기적으로 올리면서 팔로워와 교류하고 반응이 좋은 글만 모아 출간하고 종합 순위에 오르는 출간 사례들도 상통하는 내용입니다.

《해적들의 창업이야기》라는 책 역시 이와 같은 과정을 거쳤습니다. 커뮤니티에서 소통하는 분들에게 책 내용에 대해 공지하고 미리 돈을 받고, 내용을 업데이트해서 PDF파일로 나중에 전달했습니다. 그 과정에서 좋은 후기와 판매성과가 나왔고, 이를 바탕으로 출판사의 제안을 받아 추가 편집을 해서 종이책 출간을 했고 계속 좋은 반응을 얻고 있습니다. 이런 식으로 정기적으로 발행되는 콘텐츠에 관심을 가지는 잠재고객과 상품 제작 과정을 공유하고 구매 단계까지 가는 건 굉장히 세련되고 안전한 방식입니다. 앞 단계까지 잘 경험한 고객은 충실한 상품 소개 페이지를 만나면 결제할 확률이 높습니다.

그럼 잠재고객이 구매할 때 최고의 만족감을 느끼게 만들어주는 세일즈 페이지의 레시피를 지금부터 공개합니다. 먼저 상품이 누구의 어떤 문제를 해결하는지 명시합니다. 이왕이면 잠재고객이 자신의 문제를 다시 한 번 의식하도록 상품 소개 페이지 앞단에 관련된 문구를 넣습니다.

"광고비는 많이 쓰는데 광고 효율은 계속 떨어지는 문제를 겪고 계신가요? 이 페이지를 끝까지 읽어보세요. 저에게 솔루션이 있습니다."

예를 들어 이렇게 기업이 해결해 줄 수 있는 고객의 문제를 명시해서 앞 단에 넣고 '해결할 수 있다'는 뉘앙스를 풍겨야 그 페이지를 끝까지 읽겠지요.

두 번째, 경쟁사가 있다면, 차별화 포인트를 명시합니다. 누가 봐도 도드라진 포인트면 제일 좋습니다. 만약 없다면 쥐어짜서라도 만들고 (타깃을 좁히면 차별화 포인트가 보입니다.) 한 업체와 이야기를 나눴는데 차별화시킬 수 있는 게 없는 업종이라 말해서 그들이 잘할 수 있는 것을 질문을 통해 파고들었습니다. 결국 경쟁 업체보다 젊은 인력이 많아 모바일에서 빠른 응대가 가능하고 그것을 내세워서 실제로 빠른 응대를 하는 업체로 인식되기 위한 액션을 취하기로 하고 관련된 음원, 영상 콘텐츠를 만들었습니다. 기존에 없다고 생각했다면 일부러 만들어서라도 차별화 포인트를 어필해야 합니다.

세 번째, 고객이 구매 이후 어떤 감정의 변화, 환경의 변화를 겪을지 쉽게 떠올릴 수 있는 설명이 필요합니다. 한번 상상해보세요. 네이버 광고, 페이스북 광고비를 집행하지 않았는데도 고객 문의가 계속 들어온다면 매달 마음이 한결 가볍지 않을까요? 광고비가 덜 나가니 새롭게 시도하고 싶었던 창의적인 도전을 하는데 부담이 덜할 수밖에 없겠지요? 이런 식으로 고객이 상품을 사용한 뒤 만나는 긍정적인 감정적인 변화와 환경에 대해서 세일즈 페이지에 서술하면 구매 시 고객의 만족도는 올라갑니다.

네 번째, 구매하면 좋을 사람, 구매를 추천하지 않는 사람 구분하기입니다. 고려 단계에서도 한 번 필터링이 진행되었는데요. 구매 단계에서도 한 번 더 필터링합니다. 비싼 교육을 판매하는 곳이 주로 이런 방식의 소개 문구를 적습니다. 주의할 점이 있는데 구매를 추천하지 않는 고객을 언급할 때, 보편타당하고 구체적인 내용을 적어야 합니다. 그렇지 않으면 구매해도 좋을 사람까지도 불편함을 느끼기 때문입니다. 예를 들어, "나쁜 사람은 구매하지 마세요."라고 적는 것은 구체적이지 않습니다. "자산이 1억 미만인 사람은 구매하지 마세요."라고 적으면 구체적이지만 보편타당한 거절 이유로 적합하진 않습니다. 구매해도 좋을 사람과 그렇지 않을 사람의 특징은 확연히 구분되게 적어야 혼란이 덜합니다.

다섯 번째, 망설이는 분을 위한 배려입니다. 앞 단계를 잘 따라서 상품소개 페이지에 도착해도 구매를 망설이는 잠재고객은 존재합니다. 그런 상황에서 강하게 구매를 어필하면 매출을 내는 데 유리합니다. 저도 과거에 오프라인에서 어필하는 방식으로 세일즈를 많이 했고 하루에 1천만 원 이상 수익을 올리는 등 돈으로는 만족할 성과를 거뒀습니다. 하지만 지금은 오프라인 활동도 거의 하지 않고 굳이 구매를 권하지도 않습니다. 대신 망설임이 드는 분들이 스스로 더 천천히 알아볼 수 있는 기회를 온라인에 만들어 놓고 안내합니다. 예를 들어 무료 코스라거나, 유튜브 영상, 부담 없는 가격의 온라인 강의 같은 것을 메인상품 페이지에서 추천합니다. 이런 선택권을 제공하고 고객이 스스로 확신이 더 생겨서 메인 상품을 구매할 때, 컴플레인이 없고 만족도도 높습니다.

여섯 번째, 후기는 가장 중요한 요소입니다. 심지어 후기를 돈주고 구매할 정도로 강한 영향력을 가지고 있습니다. 이왕이면 다양한 형태의 후기가 있으면 좋습니다. 손 글씨, 영상, 텍스트 형태의 후기를 세일즈 페이지에 골고루 담으면 신뢰도가 상승하겠지요?

후기에 담기는 내용은 이왕이면 내 서비스나 제품을 이용하고 생긴 변화, 구매 전 기대한 것과 구매 이후의 진솔한 느낌이 담기는 게 효과적입니다. 하지만 고객에게 단순히 '후기'를 적어달라고 말하면 고객은 스트레스를 받고, 자연스러운 후기도 나오지 않습니다. 구체적인 질문을 통해 후기를 쉽게 적을 수 있도록 배려해야 합니다.

"이 제품을 구매하고 구체적으로 어떤 문제가 해결되셨나요?"

"수업을 듣기 전 들었던 느낌과 듣고 난 후에 느낌은 어떻게 달라졌나요?"

같이 구체적인 질문을 하세요. 또한 후기를 적어준 행동에 대해서도 감사의 표시를 하는 게 좋습니다. 네이버에서 상품 구매 후 리뷰를 적으면 포인트를 주는 것도 비슷한 맥락입니다. 저 역시 후기를 적어주신 분들을 위해서 추가로 드리는 것을 항상 염두에 둡니다. 이 책을 보고 달라진 관점을 후기로 블로그나 인스타그램에 적어주신 독자님께도 드릴 것을 마련했습니다. 제가 운영하는 채널 abit.ly/soongan에서 이 부분에 대한 안내가 되고 있습니다. 신청해서 추가로 혜택을 가져가세요.

일곱 번째, 가격 상승 예고입니다. 가격 상승이 될 것이라면 이에 대한 공지를 세일즈 페이지에 담으면 효과가 있습니다. 이 방식이 무조건 좋다기보다는 사업 초반에 이벤트로 할인을 많이 하고 실제로 가격이 올라갈 때 의미가 있습니다. 실제로 가격이 상승하는 게 보여야 다음 번 이벤트 때도 효과를 발휘합니다. 온라인 강의업체들이 할인가로 구매를 독려하고 가격 상승을 예고하는 방식을 잘 사용합니다.

 콘텐츠 해커의 정리!

상품 소개 페이지 구성 하나만 가지고도 할 수 있는 이야기가 많고, 구매 단계에만 공을 들여도 매출에 큰 영향을 줍니다. 하지만 이 단계가 빛을 제대로 발휘하기 위해서는 역시나 앞 뒤 단계들의 보완이 필요합니다. 상품 소개 페이지는 스스로 많이 만들어 보고 좋은 세일즈 페이지를 참고해보는 게 좋습니다. 제가 구축에 참여한 홈페이지인 버터플라이인베스트먼트, 순간랩, 유더스타엔터테인먼트, 콘텐츠랩코리아, 슈퍼세일즈, 항정사이 등을 보셔도 괜찮고, 크라우드 펀딩 사이트들을 벤치마킹하면 세일즈 페이지 구성에 대해 영감을 받을 수 있습니다. 절대 한번으로 완성되지 않고 계속 A/B테스트를 하면서 매출로 전환되는 비율을 추적하며 발전시키다 보면, 화수분 같은 세일즈 페이지를 보유하게 됩니다.

매출이 끝이 아니다! 고객의 불안은 결제 후 시작!
세일즈 퍼널 5단계_안심

앞선 내용을 요약하면, 고객의 문제 해결에 도움되는 콘텐츠를 정기적으로 발행하고, 이왕이면 더 뾰족하게 타깃을 좁히면서 그 타깃을 위한 콘텐츠를 만들자는 내용이었습니다. 그 다음 더 가치 있는 추가 서비스(정보)를 저렴하게(혹은 무료) 제공하는 조건으로 잠재고객의 개인정보를 확보하고, 호감을 얻는 단계를 다뤘습니다. 이 단계를 통해서 회사 상품을 자연스럽게 홍보할 수 있는 기회를 얻을 수 있고 잠재고객은 상품소개 페이지로 방문합니다. 이때 구매 전환을 높이는 상품 소개 페이지 구축에 필요한 요소들도 정리했습니다. 이런 단계를 거친 고객은 결제를 할 때, 자신의 필요에 의해서 기분 좋게 결제했다고 느낍니다. 그리고 자신이 기대했던 서비스와 상품을 얻었다는 느낌을 받게 됩니다.

"그런 단계까지 갔으면 끝 아닌가?"

아닙니다. 2단계나 더 있습니다. 이상하지요? 이번에 설명할 단계는 안심 단계입니다. 고객의 불안은 구매한 뒤부터 진짜 시작되기 때문입니다. 판매자 입장에서도 구매 후 만족한 고객을 통해 기대할 수 있는 마케팅 효과가 크기 때문에 구매 단계 이후에 대한 고민은 필수입니다. 고객에게 안정감을 주는 안심 단계는 결제 후 고객관리 영역에 해당합니다. 이 단계에서 고객과 많은 트러블이 생기고, 차라리 구매하지 않았으면 하는 고객을 만나는 일도 생깁니다. 이 글을 보는 분 중에도 그런 일을 겪은 분이 계시리라 생각합니다. 그게 얼마나 스트레스 받는 일인지 잘 알고 있습니다. 그래서 그런 일을 최소화하기 위해 이런 단계를 세팅하는 법을 연구해서 알려드리는 중이고요.

앞선 단계들은 고객이 상상하는 상품의 이미지와 판매자가 실제로 제공하는 상품 이미지의 격차를 조절하는 역할을 합니다. 결제를 유도하는 과정에서 고객을 설득하다 보면 좋은 점은 과장되고, 좋지 않은 점은 축소되기 마련이지요? 고객을 혹하게 하는 의도가 반영됩니다. 한정된 정보를 바탕으로 결제가 일어나면 실제 가치보다 기대감은 훨씬 높아진 상태에서 결제가 이뤄집니다.

하지만 앞선 단계를 진행했다면 기대감의 폭은 어느 정도 조절됩니다. 안심 단계에서는 기대감의 차이가 난 부분을 미세하게 조정해서 만족도를 유지시킵니다.

구매한 고객이 가장 배신감을 느끼는 때는 언제일까요? 자신에게 결제 전까지는 공을 많이 들이다가 결제 후에 그런 느낌이 확 사라질 때입니다. 고객이 결제한 후에도 이전에 느끼던 배려가 이어지게 하는 게 안심 단계입니다. 안심 단계에서는 결제 이후에 고객이 만날 불안감을 판매자가 이미 파악하고 있다는 것을 짚어줍니다.

예를 들어 고객이 전동칫솔을 구매했는데, 작동이 제대로 안 되면 고객은 굉장히 불안해지겠지요. 그래서 작동이 안 될 때, 대처법과 문의 방법을 제품에 넣어줘서 안심을 시킵니다. 저는 제 교육 서비스를 구매한 고객이 중간에 성과가 나지 않을 때, 취할 수 있는 행동 가이드라인을 제공합니다.

이런 상황을 미리 이야기하면 고객은 서비스라 느낍니다. 하지만 나중에 문제가 생기고 이야기하면 변명이라고 느낍니다. 사회 현상을 가만히 돌아보면 문제 자체보다는 문제가 생겼을 때, 사과를 제대로 못하는 게 더 큰 공분을 만듭니다.

반성 없이 문제를 해결하지 않으면서 같은 문제를 반복하는 게 진짜 문제입니다. 문제가 생길 것을 알고 있는데 미리 알려주지 않는 게 문제입니다. 특히 교육업에 종사하시는 분들은 이 단계에 공을 더 들여야 합니다. 교육만큼 제각각의 만족도를 주는 것도 없기 때문입니다. 교육을 듣고 만족한 고객의 성향과 행동 패턴은 어떠했고, 만족하지 않았던 고객은 어떠했는지 데이터를 정리해보세요. 그런 데이터를 바탕으로 결제한 고객에게 생길 수 있는 문제와 해결법을 바로 안내해주세요. 구매한 고객이 이런 내용을 전달받는 게 안심 단계입니다. 발생할 수 있는 문제에 대해서 미리 안내하고, 실제로 문제가 발생하면 사과를 먼저 하고 안내한 대로 대처하면 됩니다. 이것만 잘해도 고객의 만족도를 오히려 높일 수 있습니다. 만약 미리 공지하지 않았다면, 문제가 발생했을 때 기업은 변명하는 입장이 되고 고객은 컴플레인하는 입장이 됩니다. 당연히 고객의 만족도는 떨어지겠지요? 기업은 좋은 상품을 만들고 마케팅을 잘해서, 매출 일으키는 데 초점을 맞춥니다. 하지만 결제 이후의 고객 목소리는 무서워하고 외면하려고 합니다.

결제 이후에 고객이 겪을 수 있는 불만을 다 정리하세요. 경험을 통해서도 괜찮고, 벤치마킹을 통해서도 괜찮습니다. 고객은 결제 직전에는 결제 후 받을 수 있는 혜택이 눈에 더 들어오고, 결제한 후에는 받지 못할 혜택이 있을까 봐 불안해집니다. 저는 이런 가이드라인을 제공하는 과정 모두 자동화된 메일 서비스로 진행합니다. 이처럼 인력을 들이지 않고 콘텐츠 발송을 통해서 안심 단계까지도 보완할 수 있습니다.

 콘텐츠 해커의 정리!

구매한 고객의 불안감을 헤아릴 수 있는 콘텐츠를 만드세요. 그 콘텐츠는 구매한 고객의 후기와 인터뷰를 통해서 얻을 수 있습니다. 그 데이터를 모아서 업데이트하고, 구매한 고객에게 제공하는 가이드라인에 포함시키세요. 결제 이후에도 고객의 만족도는 쭉 높게 유지됩니다. 독자님이 만약 지금 실제로 판매하는 게 있다면, 결제한 고객을 안심시키기 위해서 줄 수 있는 안내나 서비스는 무엇이 있을까요? 2번째 이 책을 읽으실 때는 짧게라도 꼭 아이디어를 메모해보세요.

팬덤 구축의 대단한 위력과 한계 그리고 대안까지
세일즈 퍼널 6단계_팬덤

고객에게 구매 이후 안심을 심어주는 단계까지 설계했다면 고객이 팬이 되어 내 상품을 적극 홍보해주는 초석은 완성되었습니다. 만약 앞 단계를 제대로 거치지 않은 고객에게 팬이 되어 홍보해달라고 요청하면 그 요청은 용수철처럼 튕겨 나갑니다. 고객은 자신이 충분히 넘치게 받았다고 느낄 때, 그리고 계속 그럴 것이라는 기대감이 충만할 때 기꺼이 시간과 비용을 써서 주변에 알리는 역할을 자처합니다. 그래서 기업이 줄 수 있는 게 좋은 상품 하나뿐이면, 팬덤 구축이 어렵습니다. 팬덤 구축을 원하는 기업이라면 고객과 직접 소통할 수 있는 커뮤니티 운영을 추천합니다.

저 역시 2014년부터 커뮤니티를 만들고, 커뮤니티 멤버와 소통하고 글, 음성, 영상 콘텐츠를 제작해서 커뮤니티와 여러 채널에서 배포했습니다. 이 과정에서 소유한 채널의 영향력이 커졌고 홍보할 힘도 생겼습니다. 판매 상품과 별도로 콘텐츠를 정기적으로 발행하며 커뮤니티에서 소통을 해서 가능해진 일입니다. 제 채널을 활용해서 팬을 홍보하고 그 덕분에 방송 출연하고 책을 출간하고 취업하고 창업하며, 매출이 늘고 인연을 만나는 팬분들이 생겼습니다. 이처럼 6단계는 홍보사원 역할을 해주는 팬을 위해서 한 번 더 줄 수 있는 것을 마련해 놓는 단계입니다.

저에게는 콘텐츠를 통해 키운 SNS 채널과 커뮤니티의 영향력이 있었습니다. 채널과 커뮤니티를 키우는데 진정성 있는 콘텐츠는 필수입니다. 진정성을 더 잘 전달하고 싶다면 오프라인 공간을 활용하면 좋습니다. 사람을 만나서 눈도 마주치고 대화하는 시간이 있어야 끈끈한 팬덤이 생깁니다. 저에게는 순간랩이라는 공간이 바로 그런 역할을 합니다.

오프라인상의 교류는 무척 강력하지만, 강력한 만큼 필연적으로 안고 갈 한계가 존재합니다. 제가 겪었던 한계 3가지를 말씀드리겠습니다.

첫 번째, 컨디션 조절이 어렵습니다. 팬덤을 키우기 위해 오프라인 모임을 자주 했습니다. 초기 3년은 매달 최소 50~100여 명을 만났습니다. 제 성향 상 한 명 한 명 기억하려고 마음을 썼고 그러다보니 어느 순간 녹다운되는 느낌을 받았습니다. 의미 있는 만남의 연속이었지만 오래 지속하니, 체력 소진이 컸습니다. 2018년 이후부터는 오프라인 행사를 최소화하고 대부분을 온라인에서 진행하면서 컨디션을 관리할 수 있었습니다.

두 번째, 상처를 주고받는 데 다각도로 노출됩니다. 온라인에서도 상처를 주고받을 수 있지만 오프라인에서 대면했던 사람들과 주고받게 되는 상처는 더 아프기 마련입니다. 그런 상처에 덤덤해지려면 세상 일이 상대적이라는 것을 이해할 필요가 있습니다. 내가 아무리 많이 줬다 생각해도 상대방은 전혀 못 받았다고 느끼는 일은 항상 생깁니다. 마찬가지로 내가 준 게 하나도 없는 것 같은데 너무 많이 받았다고 느끼는 사람도 존재합니다. 이런 상대적인 면을 알고 사람을 만나도, 나도 모르게 상처를 주고받게 됩니다.

세 번째, 의도와 다른 결과가 발생합니다. 내 의도가 잘 못 전달되고 해명하기 위한 시간을 많이 들이게 됩니다. 예를 들어, "벤치마킹 꼭 하셔야 합니다."라고 말했는데 이 말을 아무나 다 베껴도 된다고 오해하고 활동하는 분을 만나서 다시 설명하느라 여러 번 곤욕을 치렀습니다. 초보가 초보를 가르치면서 지금 바로 사업 시작하는 게 가능하다는 저의 말을 지금 바로 그 분야의 전문가라고 거짓말해도 된다는 말로 해석하고 행동하는 사람을 불러서 실랑이했습니다.

오프라인에서 대면했고 아무래도 책임감이 더 느껴지다 보니 더 시간을 들여서 해결하려고 노력했고, 그 과정에서 감정소모가 많을 수밖에 없었습니다. 소심한 제 성격 또한 한 몫 했기에 보완할 수 있는 팀이 있었으면 충분히 해결할 수 있는 문제입니다. 어디까지 저의 한계를 말씀드린 것이고 독자님의 한계가 아니라는 점을 다시 한번 말씀드립니다. 팀을 잘 꾸려서 커뮤니티를 운영하고 건강하게 팬덤을 키우는 분들이 분명 계십니다.

마지막 6단계는 많이 받았다고 느끼는 고객이 팬이 되어 대신 홍보해주는 단계라고 말씀드렸는데요. 그분들이 많이 받았다고 느끼는 건 절대적인 정보의 양 자체는 아닙니다. 실제로 제가 만든 온라인 코스의 일부만 참여하고도 인생이 바뀌었다고 감사해하는 분들이 저를 주변에 홍보해 줄 때도 있습니다. 코칭할 때 제가 질문만 반복하는 과정에서 스스로 답을 찾은 분이 제 덕분에 인생의 방향성을 찾았다는 말을 듣는 경우도 많습니다. 더 많이 알려주는 것을 뛰어넘는 것은 상대의 내면에서 더 많은 가능성을 발견하게 돕는 것임을 체감하는 중입니다.

과거의 저는 '어떻게 하면 더 많은 자료를 만들어서, 더 많이 드릴까? 어떻게 더 특별한 솔루션을 제공해서 감탄하게 만들까?'를 고민했습니다. 그리고 그것은 오로지 제 중심으로 생각하고, 일방적인 배려였다는 것을 깨달았습니다.

건강한 팬덤이 형성되려면 일방적으로 많이 주는 것을 넘어서 고객이 스스로 가치를 발견할 수 있는 여백을 남겨야 합니다. 건강한 팬덤 속에서 자발적으로 생성된 후기와 추천을 통해서 콘백 깔때기의 첫 번째 단계인 인지 단계부터 선순환이 됩니다. 이렇게 선순환 구조가 생겼기 때문에 광고비를 쓰지 않고도 계속 충성도 높은 고객이 유입되며 돈을 법니다. 예외는 없습니다. 누구나 어느 기업이나 이 단계를 콘텐츠를 바탕으로 구축할 수 있습니다. 이때까지 이런 방식을 구현할 수 있다고 생각하지 못했을 뿐입니다. 제가 말씀드리는 이 모든 과정은 고객이 즐겁게 결제하게 하는 최소한의 배려이자 기본 설계입니다.

 콘텐츠 해커의 정리!

1. 고객이 나를 대신해서 홍보하고 싶은 마음이 들게 하려면 어떻게 해야 할까?

2. 팬덤을 구축하는 과정에서 겪는 마음의 상처, 체력 문제, 구설수에 대비하자.

사실 6단계가 필요한 이유는 명백합니다. 내가 내 상품을 알리는 것보다 팬이 대신 광고해주는 게 10배는 더 강력하기 때문입니다. 6단계의 힘은 정말 무섭습니다. 이 단계를 잘 갖춘 기업은 광고비를 과하게 책정하지 않아도 고객의 홍보를 통해서 고객이 끊이지 않게 됩니다. 이것이 그로스 해킹을 만드는 포인트입니다. 그래서 1단계부터 다시 선순환되는 과정이 계속 반복되면서 안정된 수익을 만들게 됩니다. 나는 이 단계에서 고객에게 무엇을 줄 수 있을지 독자님의 블로그에 편하게 기록해보세요.

PART 4

게으르니까 고안해낸,
세상 간단한 판매 전략

공짜는 비싸게 줄 때 의미가 있습니다

"고객에게 고마운 마음에 덤을 드렸는데, 나중에 덤을 안 드리니 컴플레인 하셨어요."

고객이 덤(공짜)까지 상품에 포함하게 만든 인지 설계의 문제입니다.

"신입 직원한테 노하우를 다 알려줬거든요. 그 경력으로 창업하면서도 저한테 배운 게 없다면서 그만두더라고요."

월급을 주면서 노하우도 전수했지만, 직원은 배운 게 없다고 인지하는 경우도 있습니다.

"대표님이 인맥을 연결해준 것은 맞지만, 그 사람과의 관계는 철저히 제 노력의 결과인데 제가 왜 고마워해야 하나요?"

매칭될 만한 사람끼리 소개하기 전까지 제가 얼마나 큰 비용을 들였는지 모르는 사람은 이렇게 이야기합니다. 나는 아낌없이 주었는데 상대방이 그렇게 느끼지 않는 모습을 보면서 실망한 적 있으시죠?

사실 베푸는 입장, 공짜로 주는 입장에서도 그것을 가치 있게 잘 전달하는 노력이 추가로 필요합니다. 특히 고객에게 공짜로 주고도 욕먹지 않으려면 어떻게 해야 할까요? 공짜 마케팅을 통해서 결제하는 고객 비율이 높아지고, 고객과 상생하기 위해서 무엇을 신경 써야 할까요? 적어도 다음 3가지는 반드시 신경 써야 합니다.

첫 번째, 공짜가 처음부터 공짜는 아니었다는 것을 인지시킵니다. 저는 과거에 제공했던 유료 정보의 일부를 홈페이지에서 무료로 제공합니다. 과거에 유료로 제공되던 것이고 어떤 가치가 있는지 설명되어 있습니다. 또한 한시적으로 무료로 제공되고 언제든 혜택이 사라질 수 있다고 명시해두었습니다.

아무리 공짜라도 제공하는 사람의 시간은 무조건 들어갑니다. 시간은 웬만한 돈보다 더 귀하게 다뤄져야 하지요. 그런 시간을 들여서 제작한 콘텐츠나 정보들은 비용이 들어간 것이나 다름 없습니다. 원가가 들지 않았다는 이유로 제작자가 만든 콘텐츠와 상품이 '당연한 공짜' 취급을 받으면 안 됩니다. 그래서 공짜로 제공하는 동시에 세련되게 생색내는 법을 알아야 합니다. 그렇지 않으면, 무료로 주고도 욕먹는 상황이 반드시 생깁니다.

'친한 사람은 내 노력을 알 텐데 그런 사람한테까지 생색을 낼 필요가 있을까?'라는 생각이 들 수 있습니다. 나를 잘 안다고 생각하는 사람일수록 나를 제대로 모를 확률이 높습니다.

단편적인 모습으로 나를 다 안다고 판단하고, 그 판단으로 내 행동 전반을 재단하는 일은 가까운 사이에서 더 자주 벌어집니다. 그리고 서로를 제일 잘 안다고 착각하지요. 가까운 사람에게는 일부로라도 더 세련되게 생색을 내야 나중에 어색한 상황이 발생하지 않습니다.

"우리 사이에 이 정도는 얼마든지 공짜로 줄 수 있잖아."라는 쿨한 말은 나중에 관계를 급속도로 차갑게 하는 불씨가 됩니다.

두 번째, 공짜와 유료의 경계가 애매해졌습니다. 유튜브에는 무료라고 보기 힘든 콘텐츠가 떠다니고 건지기도 쉽습니다. 여기서 잠깐! 제가 방금 '무료라고 보기 힘든'이라고 적었습니다. 이렇게 판단하는 기준은 무엇일까요? 유료 사이트에서 다뤄지는 내용 이상이 유튜브에 있기 때문에 이런 판단이 가능합니다. 어제 유료였던 콘텐츠가 오늘 온라인에 무료로 공개되는 일도 잦습니다. 이처럼 유료와 무료의 경계가 계속 무너지고 있습니다.

세계적인 강연회인 T.E.D의 참가비는 최대 1200만 원 정도입니다. 저렴하게 참여해도 400만 원이고, 초대를 받아야 참여할 수 있는 조건도 있습니다. 그런데 T.E.D는 동영상을 편집해서 무료로 제공합니다. 제공받는 정보 자체만으로 봤을 때, 무료로 보는 것과 1200만 원 주고 보는 것은 큰 차이가 없을 수도 있습니다(물론 그곳에 참가하는 사람들과 교류하는 경험은 돈으로 따지기 힘들지요).

제가 아는 분도 유료로 강연장에서 강의할 때와 무료로 강연장에서 강의할 때, 강연 내용이 크게 달라지지 않습니다. 유료 정보가 얼마든지

게으르지만 콘텐츠로 돈은 잘 법니다

공짜 취급될 수 있고, 공짜도 얼마든지 유료로 바뀔 수 있는 세상이라는 걸 체감하는 중입니다. 자, 그렇기 때문에 유료 정보를 공짜로 전달할 때는 그에 맞는 생색을 내고, 공짜를 유료로 제공할 때는 그에 맞는 명분을 확실히 제시하는데 신경을 써야 합니다. 그 가이드라인이 없으면 사람들은 자신이 받아들이고 싶은 대로 그 가치를 판단하기 때문입니다. 공짜와 유료 정보에 대한 경계가 점점 더 흐려질수록 이 책을 선택한 독자님과 같이 유연한 사고를 하는 사람에게 더 많은 기회가 올 수 밖에 없습니다.

세 번째, 공짜를 이용해서 참여시키고 가치를 만들어 내세요. 생색을 내면서 공짜를 제공하라고 말씀드렸습니다. 다양한 아이디어로 공짜를 더 가치 있게 전달할 수 있는데요. 공짜를 제공하면서도 서로 윈윈할 수 있는 포인트를 만드는 법 한 가지를 말씀드리겠습니다. 바로, 공짜로 받는 분들이 자신의 시간을 일부 들이도록 하는 것입니다. 네이버 쇼핑에서 구매하고 시간을 내어 후기를 달면 포인트를 공짜로 받습니다. 후기에 참여시켜서 포인트를 주는 방식입니다. 온라인 쇼핑에서는 후기가 중요한 구매 결정 기준이기 때문에 판매자에게 후기는 높은 가치를 지닙니다. 고객은 후기 작성으로 포인트를 얻지만 판매자는 이익 창출과 연결됩니다.

저는 책 판매할 때, 무료 요약본을 만들어서 미리 책을 보실 수 있도록 제공합니다(지금 보는 책도 마찬가지입니다. 주변에 많이 알려주세요).

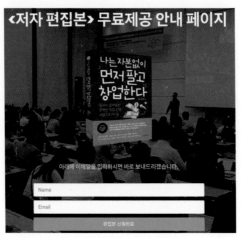

책 요약본 신청화면 홈페이지 예시

요약본을 보고 책 구매한 분 중에 기준에 맞는 후기를 쓰면 그에 응당한 유료 콘텐츠를 또 무료로 제공합니다. 상대가 액션을 취하지 않았는데, 유료 콘텐츠를 공짜로 주는 일은 되도록 없게 합니다. 쉬운 노력이라도 들여서 받은 공짜 콘텐츠이기 때문에 가치 있다고 느끼고, 애정을 가지고 보게 됩니다. 자신의 콘텐츠를 가치 있게 만드는 전략에 대해 알고 싶다면, 비즈니스 유튜버 '자청'의 콘텐츠를 참고하는 것을 추천합니다.

볼 것이 넘쳐나는 세상입니다. 쉽게 공짜로 얻은 것들은 우선순위에서 밀려날 수밖에 없습니다. 상대가 행동을 취하지 않는데도 공짜로 쉽게 베풀면 나중에 그 가치를 못 알아주는 상대를 보며 서운함을 느끼게 됩니다. 당장은 좀 덜 멋져 보여도 상대가 자신의 시간과 노력을 들이는 것을 전제로 공짜를 제공하세요. 사람들은 자신의 시간과 노력이

게으르지만 콘텐츠로 돈은 잘 법니다

들어가서 얻은 것을 더 가치 있다고 느끼고 더 감사해 합니다.

자신이 번 돈을 지급하면서 교육받은 사람과 직장에서 돈을 받으면서 교육을 받은 사람은 같은 교육을 받았어도 그 가치를 완전히 다르게 평가합니다. 전자는 배움이라 생각하고, 후자는 일이라 생각합니다. '누가 낫다, 못 낫다'의 이야기가 아닙니다.

사람은 환경 요인에 절대적으로 영향받는 것을 인정해야 하고 이왕이면 가치 있는 것을 정말 가치 있게 느끼도록 환경을 조성하는 노력이 필요하다는 말입니다. 이 부분을 간과하고 전략을 짜면 가치를 알아주지 않는 상대를 보면서 매일 불편한 감정과 싸우게 됩니다. 공짜를 공짜처럼 주면서 욕먹고 불편해지는 일이 독자님에게는 생기지 않길 바랍니다.

 콘텐츠 해커의 정리!

사업하면서 많이 베풀겠다는 좋은 마음으로 시작한 분들이 나중에 상처 입고, 사업을 접는 안타까운 일을 종종 목격합니다. 기버Giver가 부자가 된다는 사실을 저도 믿습니다. 하지만 기버로 오랜 시간 버틸 수 있을 때 가능한 일입니다. 일방적으로 베풀고, 돌아오는 재미를 느끼지 못하면 오래 버티기 힘듭니다. 공짜로 주면서도 공짜 이상의 가치로 상대가 느낄 수 있게 어떻게 만들지 한 번 고민해보세요. 이 책 전반에 그에 대한 힌트들이 숨어 있습니다.

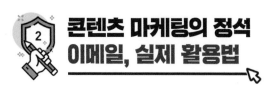

콘텐츠 마케팅의 정석
이메일, 실제 활용법

저는 사업 초반부터 제작과 유통비가 거의 발생하지 않는 메일링 서비스로 돈을 벌었고, 이후에 콘텐츠를 제작해서 돈 버는 분들에게도 모두 이메일 활용을 추천해 드렸습니다. 기존에는 이메일을 마케팅 용도로 사용하는 게 전부였지만 이메일로 정보 전달하고 구독자를 모으는 게

뉴스레터 스타트업 뉴닉

비즈니스 모델인 사례들이 점점 늘고 있습니다.

2013년, 처음 제가 메일 기반 상품을 시작할 때, 모두가 카카오톡을 해서 메일은 보지 않을 거라는 주변의 조언이 많았습니다. 하지만 역설적이게도 오래 살아남을 수 있게 만들어준 결정적인 역할을 해준 게 이메일이고, 이메일로 수익을 만들기 위한 연구를 많이 했다 보니 이 분야로 앞에 서서 강의할 기회도 많아졌습니다. 콘텐츠 미디어 기업으로 전환을 꾀하는 기업에게 이메일 뉴스레터는 필수가 되어가고 있습니다.

시간이 지날수록 메일 구독자를 많이 확보한 기업의 경쟁력이 커지고, 안정적인 수익 확보가 가능해질 것입니다. 미래를 대비하기 위해 자문을 요청하는 곳들에게는 무조건 뉴스레터를 만들도록 합니다.

뉴스레터는 모바일 어플리케이션으로 치면 일종의 알람에 해당합니다. 뉴스레터로 정기적인 알람을 보내는 것이고 그 안에 간단한 정보가 있고, 더 자세한 내용을 보려면 메일 안에 있는 링크를 눌러서 해당 페이지로 이동하는 방식입니다. 뉴스레터 충성 구독자가 많을수록, 원하는 시간대에 원하는 트래픽을 드는 데 유리하겠지요?

저는 무자본 창업 아이디어 문서를 이메일로 첨부해서 정기적으로 보내는 단순한 모델부터 시작했습니다. 그 이후에는 메일의 보고 링크를 눌러서 홈페이지로 이동한 다음, 영상과 이미지 텍스트를 통해서 풍부하게 콘텐츠를 소비하면서 무자본 창업 코스를 진행할 수 있는 형태로 발전했습니다. 그럼 제가 유료 콘텐츠를 전달하기 위해 사용했던 이메일 특화된 서비스 제공 방식에 대해 말씀드리겠습니다.

2014년 3월부터 메일구독 멤버십 서비스를 시작했고 110만 원을 결제한 고객에게 매주 사업아이디어 PDF 파일(10페이지)을 첨부 파일로 보냈습니다. 고객이 20명 미만일 때는 수신자 참조를 통해서 한 번에 메일을 보냈습니다. 메일을 보낼 때, 숨은 참조[Bcc]에 주소를 넣으면 함께 받는 사람들의 정보가 공개되지 않기 때문에 많이 사용하지요.

고객 수가 적고, 텍스트 기반의 콘텐츠를 제공한다면 이런 방식으로 비용 없이 정보 제공 사업을 시작할 수 있습니다. 편한 만큼 단점이 있습니다. 수신자의 오픈 율을 확인하고 분석하는 게 어렵습니다.

실수로 숨은 참조를 빼먹었을 때 여러 사람의 메일이 단체로 공개되는 일도 생깁니다. 그런데도 초반에 비용이 안 든다는 이유로 이런 방식을 유지했습니다. 이후 누적 발송 인원이 100명 이상 되면서 저렴한 대량 메일 발송 서비스를 이용했습니다. 발송 양이 많지 않기 때문에 발송메일 횟수 당 차감되는 서비스로 사용했던 게 '이지인포메일www.ezinfomail.co.kr'이라는 사이트입니다. 오픈 율이 추적이 되었고 첨부파일 용량에 따라서 비용이 추가되었습니다. 메일 받아보는 인원이 200명 때까지는 잘 사용했는데요. 이후 한 번에 1000명 이상, 발송하고 출간 이벤트나 강연 이벤트가 있어서 메일을 자주 발송하게 되다 보니 횟수당 차감되는 방식은 비효율적이었습니다. 그래서 횟수와 상관없이 발송리스트 숫자에 맞춰서 가격이 책정되는 프로그램을 사용하기 시작했습니다. 월에 일정 금액(10~30만 원)을 내면, 메일발송 리스트 안에서 무제한 메일 발송이 가능합니다.

액티브캠페인 사용 화면

그다음 온트라포트https://ontraport.com, 겟리스판스 같은 이메일 발송 서비스를 이용하다가 지금은 앞서 언급했던 서비스의 장점을 다 가지고 있으면서 가격도 낮은 편인 액티브 캠페인http://activecampaign.com을 선택해서 지금까지 잘 사용하고 있습니다. 사용법이 직관적입니다.

템플릿이 많아서 수정하기가 쉬웠고 개인 맞춤형으로 자동으로 메일을 보낼 수 있는 것은 기본이었습니다. 홈페이지 방문자의 행동을 바탕으로 전환율이 높아 보이는 잠재고객 분류도 자동으로 합니다.

저는 오프라인에서 세일즈를 전혀 하지 않지만 액티브 캠페인 덕분에 온라인에서 결제가 일어날 것을 예측할 수 있습니다. 예를 들어 결제할 확률이 높은 고객에게 맞춤 메일을 보내는 것으로 결제 시기를 앞당기거나 결제를 망설이는 고객에게 결제를 부드럽게 권유하는 메일 발송 자동화가 가능합니다. 콘텐츠 마케팅을 제대로 하고 싶은 기업과 개인에게 주로 액티브 캠페인을 추천해 드립니다. 방문자의 행동 패턴에 맞춤 이메일을 자동으로 보낼 수 있으므로 광고비를 들이지 않고도 고가의 상품이 팔립니다.

제가 주로 사용했던 메일 발송 서비스를 말씀드렸는데요. 이런 서비스들을 이용하고 인력과 광고비를 최소화해서 마진율이 높은 콘텐츠 서비스 판매로 10억 원 이상의 수익을 만들었습니다. 제가 관여되어 만들었던 주식회사들 역시 메일을 통해서 매출을 일으키는 방식이 많았습니다. 정말로 이메일 마케팅이 효과 없고, 한물갔다고 생각한다면 다시 고려해보시길 추천합니다.

개인적으로 좋아하는 스티비 https://www.stibee.com 는 국내에서 가장 유명한 메일 발송 서비스입니다. 스티비의 임호열 대표님이 데이터를 기반으로 말씀해주셨는데 메일을 수신하고 오픈하는 비율은 생각보다 높다고 합니다(저의 뉴스레터도 그렇고 오픈 율이 40~50퍼센트나 되는 곳도 많습니다). 사람들은 스팸메일을 열지 않는 것뿐이지 자신에게 필요하다고 느끼는 메일의 오픈 율은 높습니다. 스티비는 '한국어'라는 특별한 장점을 가지고 있고 빠르게 서비스가 발전하고 있습니다.

처음 뉴스레터 구축을 생각하는 분이라면 커뮤니케이션을 수월하게 할 수 있는 스티비를 선택하는 게 편하시리라 생각됩니다. 제가 메일 기반으로 정보를 제공하는 비즈니스 모델을 고수했기 때문에 관련된 서비스들을 말씀드렸습니다. 기업의 목표와 예산, 콘텐츠 방향성에 따라서 맞는 방식을 잘 선택하시길 바랍니다. 다음 챕터에서는 메일과 홈페이지를 결합해서 정보를 제공했던 방식을 말씀드리겠습니다.

콘텐츠 해커의 정리!

광고비를 쓰지 않고 매출을 올리는데 메일은 여전히 강력한 마케팅 도구입니다. 인력이
필요한 일을 프로그램이 대체해서 자동으로 맞춤형 메일을 발송할 수 있는 단계까지 왔
기 때문입니다. 광고비와 인건비를 줄이면서 매출을 올리고 싶고 자동화된 수익을 만들
고 싶은 분은 깊이 공부해보세요.

유료 콘텐츠를 판매하고 제공하는 여러 방식

이메일은 훌륭한 정보 전달도구입니다. 하지만 유료 콘텐츠를 제공할 때는 다음과 같은 한계가 있었습니다.

1. 텍스트 이외의 정보는 첨부를 통해서만 전달할 수 있다.
2. 간혹 스팸함으로 가거나 발송 오류가 발생한다.

1번 문제는 파일 첨부 대신 메일을 짧게 보내고, 홈페이지 링크를 전달하는 방식으로 해결했습니다.

2번 문제는 유료 고객에게 정보가 저장된 사이트에 접속할 수 있는 권한을 주어서 해서 해결할 수 있습니다.

이번 챕터에서는 홈페이지 링크를 활용해서 비용을 안 들이고 간단하게 해결하는 방법을 다루겠습니다.

유료 회원 메일 수신 화면

저는 홈페이지에 유료 고객용 콘텐츠를 여러 개 포스팅을 했습니다. 그리고 각 포스팅은 비밀번호로 잠갔습니다. 이후에 유료 고객에게 보내는 메일에 해당 포스트의 비밀번호를 알려주었습니다. 이렇게 하면 홈페이지 상에서 영상과 이미지 텍스트가 결합된 콘텐츠를 유료 회원에게만 제공할 수 있습니다.

하나 더 신경 쓴 부분이 있는데 바로 영상 권한 부여입니다. 저는 주로 다음과 같은 방식을 사용합니다. 유료 영상의 경우는 비메오 vimeo.com에 업로드합니다. 그리고 홈페이지에서 영상을 볼 수 있게 링크를 가져와서 사용합니다. 특히 비메오에서는 특정 도메인 상에서만 비디오가 재생되게 할 수 있습니다.

즉, 비메오 채널에는 영상이 공개되지 않게 하고 내가 정한 도메인의 홈페이지에서만 영상이 재생되게 할 수 있습니다.

영상이 재생되는 도메인을 선택할 수 있는 비메오의 기능

저는 홈페이지 내부에 고객의 데이터가 쌓이길 원치 않았고, 그래서 홈페이지에 로그인해서 정보에 접촉하는 방식을 사용하지 않았습니다. 대신 별도로 그런 기능을 제공해주는 사이트를 찾았습니다. 바로 싱키픽www.thinkific.com이라는 사이트였습니다. 이 사이트는 아이디가 부여된 사람만 로그인해서 볼 수 있는 콘텐츠를 판매할 수 있도록 독자적인 사이트를 구축해주는 서비스입니다. 텍스트, 영상, 퀴즈까지 지원이 가능합니다. 허가된 사람만 코스를 듣게 하고 만료일 설정을 통해 기간제로 제공할 수 있고 정기결제도 설정 가능합니다. 저는 매월 99달러를 지불하면서 1년 반 정도 이 서비스를 이용했습니다. 퀴즈를 풀 수 있고 온라인 토론 공간도 마련되고, 이수증을 발급해주는 것까지 가능합니다.

단 콘텐츠를 소비하는 입장에서 곳곳에 등장하는 영어 환경이 낯설고

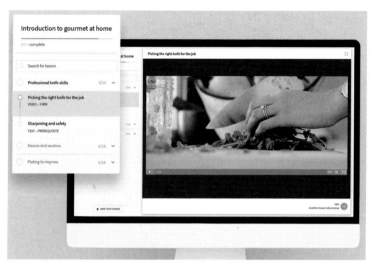

학생이 코스를 수강할 때 화면 예시

거부감이 드는 게 단점입니다.

　우리나라에서 유사한 서비스를 제공하는 것을 찾다가 에어클래스 **www.airklass.com**가 직관적이어서 이곳에 영상을 올리고 판매하는 방식을 주변에 추천하고 있습니다.

　에어클래스의 경우, 유튜브를 운영하는 분들이 무료 영상보다 좀 더 디테일한 내용으로 영상을 만들고 업로드해서 쉽게 판매할 수 있는 플랫폼입니다. 결제한 사람만 로그인해서 볼 수 있으므로 유료 콘텐츠를 제공하기에 좋습니다.

　만약 팬덤을 보유하고 있거나 사람들의 관심을 크게 끌 수 있는 영상 콘텐츠를 제작할 수 있는 곳이라면 클래스101**class101.net**을 통해서 온라인 콘텐츠를 판매하는 것도 좋은 방법입니다.

온라인 기반으로 콘텐츠를 판매할 수 있게 돕는 플랫폼이 우리나라에도 계속 생기고 있고, 각 플랫폼이 과감한 마케팅을 하고 있다 보니 흙 속에 숨어있는 진주 같은 분들이 빛을 발하고 콘텐츠를 통해서 적게는 수십만 원에서 많게는 억대까지 벌고 있습니다. 독자님도, 머리로 구상하고 있는 사업을 디지털화해서 얼마든지 판매할 수 있습니다. 이 책을 보면서 계속 아이디어를 구상해보세요.

 콘텐츠 해커의 정리!

직접 홈페이지를 만들거나 유료 사이트를 구축해서 결제를 받고 콘텐츠를 받는 방법도 있지만 데이터 보안 문제나, 사이트 관리에 대해 부담을 느낀다면 대안을 많이 찾을 수 있습니다. 탈잉, 크몽, 에어클래스, 클래스101과 같은 곳은 콘텐츠를 업로드해서 판매할 수 있는 기회를 줍니다. 심지어 마케팅도 도와줍니다. 그리고 판매된 만큼의 수익쉐어를 합니다. 초기에 비용을 많이 들이지 않고 얼마든지 온라인상에 내 콘텐츠를 팔아볼 수 있는 기회가 존재합니다. 한 번만 시도해서 온라인에 팔아보세요. 가수가 음원 저작권료를 받으면서 사는 느낌이 어떤 건지 살짝 맛볼 수 있을 테니까요. 꽤 기분이 좋습니다.

게으르지만 콘텐츠로 돈은 잘 법니다

지식콘텐츠를 세상 간단하게 판매하는 법

카드결제를 한 사람만 유료 정보를 다운받을 수 있게 할 수 있다면 디지털상품을 판매하는 게 참 편하겠지요? 실제로 그렇게 할 수 있는 서비스가 있습니다. 바로 검로드gumroad.com라는 결제 서비스입니다.

지식콘텐츠를 카드결제로 쉽게 팔 수 있는 검로드

제가 이 서비스를 좋아하는 이유가 있습니다.

검로드의 장점

검로드를 이용하면 홈페이지 필요 없이 디지털 상품을 판매할 수 있는 상품 소개가 담긴 링크를 만들 수 있습니다. 그 링크만 소비자에게 전달되면 결제와 상품 전달까지 단순하게 마무리되기 때문입니다.

결제 화면 예시

상품 소개 링크에서 결제 버튼을 누르면 카드결제를 받는 창이 뜹니다. 고객이 카드번호와 이메일을 입력하고 결제 확인 버튼을 누릅니다.

게으르지만 콘텐츠로 돈은 잘 법니다

콘텐츠백수 콘텐츠 구매 시 보는 화면

그러면 다운로드 혹은 보기 버튼이 나오고 유료 콘텐츠를 다운하거나 웹에서 볼 수 있습니다. 내 도메인이 없어도 검로드에서 만든 상품 소개 페이지에서 바로 결제를 받을 수 있는 것입니다. 이 말은 링크를 첨부할 수 있는 블로그, 유튜브, 인스타그램, 밴드, 카페, 카톡방 등 어떤 플랫폼도 가리지 않고 카드 결제를 받을 수 있다는 이야기입니다.

쿠폰 번호를 만들어서 할인 이벤트를 할 수도 있습니다. 이처럼 검로드 링크 하나면 디지털상품 판매를 위한 최소한의 세일즈 페이지가 완성이 되고 영상이나 PDF 파일을 웹에서 바로 소비하는 서비스를 제공할 수 있습니다.

검로드의 활용

저는 콘텐츠 마케팅 수업 자료와 무자본 자료를 검로드에서 다운로드받을 수 있게 설정했습니다. 검로드는 한 달에 1만 원 정도를 지불하고, 판매수수료 3퍼센트 정도를 지불하면서 사용합니다. 검로드는 간단해서 이용하기도 하지만, 다른 여러 웹프로그램과 연동하기가 좋아서 활용합니다. 예를 들어서, 검로드에서 결제한 사람의 이메일을 구글 스프레드 시트에 저장되도록 자동으로 연결할 수 있습니다. 검로드에서 결제한 사람은 따로 태그를 매겨서 결제한 사람에게만 보내는 메일이 발송되도록 메일 프로그램과 연결할 수 있습니다.

카드결제가 발생하면 그다음에 자동으로 진행되어야 할 단계들(이메일 자동 발송, 스프레드시트 저장, 문자 발송)이 존재할 때 검로드는 좋은 수단이 됩니다. 검로드는 카드 정기 결제 기능도 오래전부터 제공했습니다. 그래서 콘텐츠를 꾸준히 업로드하면서 정기 결제한 사람들이 콘텐츠를 소비하는 서비스도 쉽게 만들 수 있습니다.

검로드는 수수료가 나가지만 고객이 인증서 없이 결제를 편하게 할 수 있는 부분, 쿠폰을 활용해서 할인 이벤트를 제공할 수 있는 부분, 여러 웹프로그램과 연결해서 자동화된 단계를 만들 수 있는 부분 때문에 많이 사용했고, 주변에 추천을 많이 했습니다. 일례로 제가 유튜브로 수익화하기 강의를 하면서 구독자가 많지 않아도 돈을 버는 방법으로 검로드 활용법을 수강생분들에게 알려드렸습니다.

검로드 사용 사례

실제로 유튜브에 강의 영상을 올리고, 영상을 보조하는 강의 노트를 PDF로 만들어서 검로드로 판매한 분들은 광고 수익이 발생하기 전에 수익화를 이루었습니다. 그리고 그 돈(월 50만 원선)은 모두 추가적인 노동 없이 만들어 놓은 콘텐츠들이 열심히 영업해서 벌어오는 돈이었습니다. 코로나19 이후에 많은 기업이 체질 개선에 대한 니즈가 높아지는 가운데 이 책에 나오는 콘텐츠 기반의 마케팅과 서비스 제공 방식이 필요한 기업들이 계속 나타날 것입니다. 결제받기 쉽고, 자동화하기 좋은 예로서 검로드를 이야기한 것이지만 이런 관점에서 사용할 수 있는 프로그램들은 무궁무진합니다.

1인 기업가가 어떻게 더 적게 일하고, 더 많이 벌 수 있을까를 해결해 주는 프로그램부터 스타트업, 중소기업이 인력과 광고비에 덜 의존하면서 고객 유치를 할 수 있는 프로그램까지 관점을 달리하고 보이기 시작했습니다. 달라진 세상에 적용하기 위해 달라진 시선으로 세상을 바라보는 연습이 더욱 필요한 때가 되었습니다.

콘텐츠 해커의 정리!

사업자가 없어도 PG사 등록 없이도 카드 결제받을 수 있고 공인인증서 없이도 카드 결제할 수 있는 검로드를 소개해 드렸습니다. 비슷한 서비스도 분명 있습니다. 하지만 세일즈를 자동화시키는데 이만큼 단순하고 강력한 툴은 없습니다.

A.I의 시대, 생존을 위한 3가지 가이드라인

돈 버는 법에 관한 관심은 경기가 좋든 나쁘든 뜨겁습니다. 독자님도 그런 연유로 이 책을 선택하셨을 텐데요. 이왕이면 좀 더 열정적으로 이 책을 여러 번 읽고, 관련된 내용들을 인터넷에 찾아서 더 연구해보세요. 제가 온라인에 계속 콘텐츠를 업데이트하고 있을 겁니다. 저는 구글과 유튜브에서 영어 검색을 통해서 돈 버는 새로운 정보를 습득합니다. 한국에서는 '콘텐츠 마케팅, 콘텐츠 해킹'이라는 단어가 생경합니다. 하지만 해외에서는 이와 관련된 콘텐츠가 매일 쏟아져 나옵니다. 저는 그런 콘텐츠를 소비하고 우리나라 정서에 맞춰 실험하면서 강의하고 책 쓰고, 코칭, 자문하는 게 주된 업무입니다. 이번 챕터에서는 구글 검색 노출과 관련해서 우리나라에서 잘 다뤄지지 않은 가이드 라인을 콘텐츠 마케팅과 연결해서 쉽게 정리해봤습니다.

구글이 좋아하는 사이트의 특징

책 초반에 네이버의 구글화를 다뤘습니다. 네이버의 검색 노출 알고리듬이 구글을 따라가고 있다는 내용이었습니다. 이번 챕터에서는 그런 구글의 알고리듬이 콘텐츠 마케팅 하는 기업에게 유리할 수밖에 없다는 이야기를 해보려고 합니다.

1,518,207,412. 이 숫자가 의미하는 바는 무엇일까요? 바로 전 세계 웹사이트 개수입니다(2019년 1월 기준). 어마어마하게 많은 웹사이트가 존재하고, 각자가 방문자를 만들려고 노력 중입니다. 그리고 놀라운 사실은 사이트 중 절반이 2016년 이후에 만들어졌다는 것인데요. 3년간 만들어진 웹사이트 개수가 이전에 만들어진 사이트 개수만큼 됩니다. 이처럼 온라인 기반으로 홍보하고 매출을 만들려는 개인과 기업이 빠르게 늘어나는 중입니다. 이런 상황에서 세계 최대의 검색 사이트인 구글은 A.I를 활용해서 더 깐깐하게 검색 노출을 검토하고, 좋은 사이트의 가이드라인을 제시하고 있습니다. 이 가이드라인은 일명 E-A-T라고 불립니다.

Expertise전문성

Authoritativeness권위성

Trustworthiness신뢰성

이 가이드라인은 제가 책 전반에 걸쳐 강조한 콘텐츠 마케팅과 완벽히 결을 같이 합니다. 단기적인 노출을 염두에 두고 광고를 집행하는 업체는 신경 쓰지 않는 부분이고, 앞으로도 커버하기 어려울 것이라 예측됩니다. 하지만 장기적인 시야를 가지고 성장하는 기업은 가이드라인에 맞춘 콘텐츠를 발행하기 위해 관련 인력을 뽑고, 업무 교육을 더 많이 하는 액션을 이미 취하고 있습니다.

가이드라인과 콘텐츠 마케팅의 연계점

1. 전문성 Expertise

전문성을 어필하기 위해서는 '특정 분야'를 좁게 다루는 사이트나 블로그가 필요합니다. 한 사이트에서 여러 카테고리의 콘텐츠를 발행하면 전문성 어필이 어렵겠지요? 구글, 네이버, 유튜브, 인스타그램 등은 전문성 기준에 부합하는 게시물을 점점 더 많이 노출시킬 것입니다. 그래야 더 많은 사용자들이 신뢰하고 더 오래 해당 플랫폼에 머물 것을 알기 때문입니다. A.I는 우리가 온라인에 발행하는 콘텐츠가 어떤 주제를 이야기하는지 지금도 계속 파악하고 있습니다.

여러 카테고리를 잡다하게 담은 채널이 아니라 좁은 분야를 지속해서 다루는 채널이 전문성에서 유리한 점수를 획득하고 노출에도 우위를 점합니다. 비즈니스 모델 역시 좀 더 좁은 분야로 준비하고, 그에 맞는 콘텐츠 위주로 발행해서 채널을 키우는 게 영리한 접근이 되고 있습니다.

저는 무자본 창업 교육을 시작한 2013년부터 좁은 타깃으로 비즈니스 모델 잡는 것을 책, 문서, 영상으로 계속 강조해왔습니다. 순간랩에서 진행하는 강의에서도 계속 좁은 분야의 콘텐츠를 만들어서 전문성을 확보하고 내 고객이 될 사람과 그렇지 않은 사람에 대해 필터링을 해야 한다고 강조합니다. 모두가 구글의 검색 노출과 연결되는 포인트입니다. 무자본 창업이 핫한 이슈가 되고 있는데, 무자본 창업을 구글에서 지금 바로 검색해보시면 바로 확인하실 수 있습니다. 누구의 콘텐츠가 최상단에 뜨나요?

2. 권위성Authoritativeness

구글은 사이트의 권위성을 강조합니다. 권위성에 대해 다음과 같은 사례가 언급됩니다. 의학 관련 배경이 없는데 의학 관련 사이트를 운영하면 노출에 불리함이 있을 거라는 이야기를 합니다. 사실, 생각해보면 소름이 끼치는 내용입니다. 이 말이 성립하려면 콘텐츠 발행에 사용하는 아이디와 이메일로 과거 어떤 콘텐츠를 발행했고, 어떤 이력이 있는지 파악되고 있어야 하기 때문입니다. 구글과 페이스북은 직·간접적으로 개개인의 관심사, 성향, 소득 수준, 구매 이력과 같은 정보를 파악하고 있습니다. 나의 배경을 구글이 파악할 수 있다는 말입니다.

그렇다면 나의 배경은 어떤 식으로 구글에 어필할 수 있을까요? 바로 시간을 투자해서 어필할 수 있습니다. 오랜 기간 특정 주제로 콘텐츠를 발행하고, 관련된 책을 출간하면서 이력이 구글에 기록됩니다. 그래서 하루라도 빨리 자신의 아이디를 통해서 자기 분야의 콘텐츠를 발행하면서 그 분야의 입지를 미리 구축하는 노력이 필요합니다. 그 어떤 투자보다 시급한 투자입니다. 왜냐하면 시간이 쌓여야만 생기는 이력이기 때문입니다. 먼저 시작할수록 권위성이 생기고 온라인상에서 지속적으로 노출되는데 유리한 포지션을 점하고 광고비를 아끼는 효과를 오래 오래 누리게 됩니다.

3. 신뢰성 Trustworthiness

사이트의 신뢰성은 발행한 콘텐츠가 얼마나 많은 사람들을 통해 공유되는지 방문자가 해당 콘텐츠를 보고 얼마나 오래 머무는 지 등이 영향을 미칩니다. 앞서 권위성이 콘텐츠의 지속성을 강조했다면 신뢰성은 하나의 콘텐츠를 만드는데 얼마나 공을 들여야 하는지를 강조합니다. 콘텐츠 수준이 높을수록, 그리고 방문자에게 공감을 많이 일으킬수록 더 많이 공유되고, 더 오래 콘텐츠를 소비할 것이기 때문입니다.

구글의 이 3가지 가이드라인은 쏟아지는 온라인 콘텐츠 중에서 시간을 투자해서 전문성을 확보하는 개인과 기업에게 더 많은 노출과 수익 창출의 기회를 주고, 그렇지 않은 곳은 노출에 불리함이 생길 것을 암시하고 있습니다(실제로 노출 제한이 생기는 유명 사이트들이 계속 생기고 있습니다). A.I의 발전 속도가 빨라질수록 시간을 들이며 본질에 충실한 콘텐츠를 만드는 곳에 더 많은 기회가 올 수밖에 없습니다. 광고비를 쓰고도 효과를 보지 못해 힘들다는 기업체 미팅을 할 때마다 저는 이런 본질적인 부분을 항상 강조합니다.

여유를 선물하는 콘텐츠 마케팅

과다한 정보의 노출과 검증되지 않은 광고의 난립 속에서 더 돋보이는 채널, 사이트, 쇼핑몰이 되는데 부합하는 내용이 콘텐츠 마케팅 전략에 포함됩니다. 네이버도 이런 추세를 따라가고 있는 데요. A.I 덕분에 어뷰징 광고도 점점 더 어려워질 것입니다. 콘텐츠 마케팅으로 체질 전환을 한 개인과 기업은 초반 적응을 위해 시행착오를 겪겠지만 시간이 지나면서 전문성, 권위성, 신뢰성을 점점 더 확보하기 때문에 광고비를 지속해서 줄여가는 여유를 맞이합니다. 광고비를 줄이는 여유는 더 창의적인 콘텐츠를 만들 여유를 확보해줍니다. 광고비를 줄이는 여유는 더 창의적인 인재를 뽑을 수 있는 여유를 만듭니다.

광고비를 줄이는 여유는 더 큰 수익률을 안겨주는 여유입니다. 이것은 기업이 더 오래 버티고, 더 큰 가치를 부여받을 수 있는 기회를 의미합니다. 위기 속에서 경쟁자가 무너질 때, 본질을 추구한 곳들만 살아남습니다. 1~2년 사업하고 빨리 회사를 팔기 위해서 '보이는 매출'에 치중하는 곳이 아니라면, 제 책과 영상, 강의에서 말씀드리는 콘텐츠 마케팅의 방향을 반드시 기억하고 그에 대한 대비를 꼭 하시면 좋겠습니다.

콘텐츠 해커의 정리!

꼼수보다는 정수를 두는 기업이 더 오래 살아남는 구조는 A.I가 발전할수록 더욱더 강화됩니다. 빠른 길이 아닌 바른길을 선택하는 기업에게 더 많은 기회가 열릴 수밖에 없고, 콘텐츠 마케팅을 통해서 고객에게 높은 만족도를 주는 기업이 바로 그 혜택을 고스란히 얻게 됩니다. 지금부터 준비하세요. 지금 시작해도 절대 늦지 않습니다.

콘텐츠 마케팅에 최신 A.I 기술 활용하기

A.I를 활용해서 콘텐츠 제작에 도움을 주는 툴 몇 개를 소개하려고 합니다. 기업이든 개인이든 자유도를 확보하면서 수익을 만들고 싶다면 콘텐츠 마케팅에 지금부터라도 관심을 가져보세요. 콘텐츠는 우리가 잠자고 있는 시간에도 대신 돌아다니면서 영업도 하고 브랜딩도 해줍니다. 특히 A.I를 활용해서 콘텐츠를 제작하고 브랜딩도 할 수 있다면 자유도는 더 높아집니다. 이런 툴을 사용해서 우리는 분명 여유를 얻게 됩니다. 하지만 그 여유는 더 가치 있는 시간을 만드는 데 사용될 때 의미가 있습니다. 제가 게으르게 돈을 벌자고 말하는 건 그렇게 만든 여유를 가정과 사랑하는 사람에게 쓰길 바라기 때문입니다.

여유를 가지고 사랑을 베풀고, 사랑을 받는 기회가 늘어날 때 제 자녀가 살아갈 세대에 지금보다 조금 더 살만한 세상이 될 거라 믿기 때문에 끊임없이 게으르게 돈 버는 방법을 연구하고 주변에 전파하고 있습니다.

유흥을 즐기는 데 돈 쓰기 위해서 자유를 추구하는 게 결코 아닙니다. 자기 자신과 가정에 사랑과 여유를 선물하고 싶은 분, 창의적인 발상으로 세상에 새로운 가능성을 선물하고 싶은 분들과 더 연결되고 교류하고 싶은 마음으로 콘텐츠를 만듭니다. 충분히 제 취지가 전달된 것 같아서 A.I 툴 몇 개를 소개하겠습니다. 재미로 보셔도 좋고 내 사업에 활용할 수 있는 아이디어를 떠올리며 보셔도 좋습니다.

텍스트 활용

A.I가 소설이나 기사를 쓴다는 이야기를 들어보신 적 있으신가요?

OPEN AI, 마이크로소프트의 지원을 받아 만들어진 비영리 인공지능 연구기관

그런 툴을 사용해서 A.I가 글을 써내는 2가지 방식이 있습니다. 첫 번째는 짧은 몇 문장을 쓰면 그 내용을 바탕으로 나머지 내용을 A.I가 써내려가는 방식입니다(OPEN AI가 제공하는 방식). 또 다른 방식은 한 문장을 적으면, 그다음 문단으로 나올만한 내용을 A.I가 몇 개 추천하는 방식입니다. 그중 한 문단을 선택하면, 그다음 문단을 또 선택하면서 글을

Custom prompt ▼

Tom McKay talks too much.

GENERATE ANOTHER

Completion

Tom McKay talks too much. His words are often too grandiose. His thoughts are too long and ponderous. He talks at an emotional level, without a clear objective. He does not seem to understand that it's not a good look to get in trouble on the internet, and that people don't care if they believe you or not.

In general, he has the quality of a well-intentioned but naive individual. That's just one of the reasons that I've never really felt that I could trust him to write something that's actually helpful to someone else. It's hard to put up with someone who has such an air of naiveté and is, for some reason, unable to be honest about what he's actually doing. That's not to say that he can't be a great writer or that he doesn't have the technical expertise and the knowledge to make a great product, it's just that that lack of integrity has a way of catching up with

Share

Talktotransformer.com에서 A.I가 쓴 글 예시

완성하는 방식입니다. 무료로 테스트해 볼 수 있는 사이트가 있는데요. 토크투트랜스포머 https://talktotransformer.com 를 통해서 A.I가 써주는 텍스트를 실험해볼 수 있습니다.

첫 번째 몇 줄을 쓰면 나머지 글을 알아서 써줍니다. 유료 결제를 하면 글의 창의적인 정도, 글의 길이를 설정해서 원하는 글을 뽑아 내줍니다.

게으르지만 콘텐츠로 돈은 잘 법니다

영상에 활용

마지스토Magisto라는 자동 영상 편집 서비스가 있습니다. 이 서비스는 내 영상과 사진을 업로드 한 뒤 원하는 테마와 음악을 선택할 수 있습니다. 그러면 영상 속 인물의 얼굴을 추적하고, 음악 비트에 맞춰 화면 전환이 일어나는 영상을 A.I가 알아서 만들어줍니다. 저는 2013년에 이 프로그램을 사용해서 음식점 홍보 영상을 여러 개 만들었습니다. 그리고 페이스북 페이지에 업로드하며 음식 채널을 3만 명까지 늘렸었는데요. 식당 운영하는 분들이 제게 홍보 의뢰를 하면 사진과 영상을 업로드해서 마지스토로 영상을 만들고 페이스북 페이지에 업로드해서 부업으로 돈을 벌었습니다. 지금은 더 발전된 기술로 더 높은 영상 퀄리티를 자랑합니다.

웹페이지

웹페이지를 위한 A.I 기술도 발전 중입니다. 그중에서 사이트 방문자의 행동 예측에 도움이 되는 서비스를 소개합니다. 히트맵은 방문자가 사이트에 들어와서 어떤 곳을 주로 클릭하고 마우스 커서가 어디에 머물렀는지 색깔로 알려주는 지도입니다(빨간색일수록 더 많이 머무는 곳). 히트맵을 이용하면 내가 설계한 대로 홈페이지에서 방문자가 잘 움직여주고 있는지 피드백을 해서 반영할 수 있습니다. 요즘은 방문자가 홈페이지에서 마우스를 움직이는 것도 비디오로 기록할 수 있어서 이런 데이터를 기반으로 홈페이지를 업데이트하는 게 수월해졌습니다.

A.I가 홈페이지 이미지만으로 예측한 히트맵

그런데 만약 사이트가 오픈되지 않았는데도 히트맵을 예측할 수 있다면 어떨까요? 사이트의 이미지만 업로드하면 A.I가 히트맵을 미리 찍어주는 서비스가 존재합니다. 과거에 축적된 방대한 데이터를 바탕으로 사이트 이미지에 적용해서 예측하는 건데요. 실제로 홈페이지가 오픈되고 유입이 많아지기 전에 미리 사용자의 행동을 예측해 볼 수 있게 합니다.

A.I에 대체되지 않기 위해 우리가 할 일

A.I가 발전할수록 단순 반복되는 일은 인간의 몫에서 멀어질 거라 말합니다. 그래서 단순 반복 작업이 아닌 창의성에 두각을 내는 사람들의

게으르지만 콘텐츠로 돈은 잘 법니다

생존이 유리할거라 예측합니다. 과연 그럴까요? 저는 그렇게 생각하지 않습니다. 왜냐고요? 창의성은 창의적인 방법으로 도달하는 게 아니기 때문입니다. 창의성은 지루하고 단순하고 반복적인 과정을 지나는 가운데 얻게 되는 선물입니다. 예를 들어서, 매일 짧게라도 반복해서 글을 쓰는 사람이 창의적인 글을 써내는 능력을 얻습니다.

만약 창의적인 글 하나를 뽑기 위해 새로운 것만 좇아다니고, 반복해서 쓰는 단순 작업은 멀리한다면 그 사람은 절대 창의적인 글을 뽑아내지 못합니다. 콘텐츠를 제작하는 지루한 과정을 단순 반복하다가 그 작업으로 인한 에너지 소모가 0에 가까워질 때 가장 창의적인 성과물을 만들게 됩니다. 창의적인 아이디어가 솟구칠 때, 바로 써낼 수 있는 컨디션이 갖춰져 있어야 한다는 이야기입니다.

창의성을 콘텐츠에 고스란히 담아내는 건 신체가 단순 작업에 익숙해져 있을 때만 가능합니다. 작곡가, 화가, 작가, PD 중 진짜 창의적인 사람은 단순 반복의 중요성을 아주 잘 알고 실제로 행한 사람들입니다.

A.I가 대체하는 반복적인 일이 앞으로 많아지겠지만 인간 자체를 대체하면 안 된다고 생각합니다. 그러기 위해서 인간은 더 창의적인 일을 할 줄 알아야 하고, 아이러니하게도 단순, 반복하는 행위, 즉 콘텐츠 제작 습관을 통해서 키울 수 있습니다.

발전하는 A.I 기술 속에서 인간이 중심을 잡기 위해 관심을 가져야 할 것은 더 새로운 게 아니라 사실은 그전에 외면했던 단순하고 본질적인 부분이라는 것을 꼭 말씀드리고 싶었습니다.

콘텐츠 해커의 정리!

콘텐츠를 쉽고 빠르게 제작하는 A.I 기술은 점점 더 발전하고 있습니다. 모래 한줌의 의지만 있다면 누구나 자기 콘텐츠를 만들고, 발행할 수 있는 시대가 되었습니다. 하지만 그런 가운데서 A.I에게 종속되지 않고 중심을 잡는 사람은 역시나 창의성을 발현하는 사람이 될 것입니다. 그리고 그 창의성은 A.I가 대체할 거라 했던 단순 반복 행위를 지속해서 할 때 갖추게 됩니다. 이 부분은 99퍼센트가 놓치는 놀라운 진실입니다. 모두가 무시하는 단순 반복 행위에 실제로는 가장 창의성을 발휘하게 하는 비밀이 숨겨져 있다는 사실을 지금 책을 읽고 계신 독자님은 꼭 기억하세요. 그래서 A.I에게 대체되지 않고, A.I를 통제하는 사람으로 존재해주세요. 그리고 저와 함께 더 여유를 부리면서 소중한 사람들에게 사랑을 전파하는 일에 부디 동참해주세요.

차별화할 수 없는 아이템을 진짜 차별화하는 법

"제품만으로 차별화하기 쉽지 않은 세상이네요. 형님."

촉망받는 마케터 한 분과 즐거운 대화를 나누면서 들은 이야기입니다.

"조금만 관점을 넓히면 차별화할 수 있는 방법은 많을 것 같은데?"

"완전히 제품이 똑같다면 차별화는 어렵지 않나요?"

이렇게 물어왔습니다.

그래도 제 대답은 '차별화 방안은 얼마든지 많이 발견할 수 있다'였습니다. 제가 계속 해 온 일이 그런 것을 발견하는 코칭이었고, 주변에 평범을 비범으로 만들어서 성공한 사업가들이 많았기 때문에 확신을 가지고 말할 수 있었습니다.

차별화가 어렵다는 관점 안에 갇히면 차별화가 어렵습니다. 하지만 누군가는 계속 차별화 포인트를 찾는다는 것을 인지하고 그 관점에서 발견을 하다 보면 반드시 차별화 포인트를 찾게 됩니다. 여러 사람이 똑같은 제품을 판매하고 있다면 '고객들에게 왜 이 제품을 사야 하느냐?'를 어필해서는 차별화가 어렵습니다.

하지만 조금 관점을 틀어서 '왜 이 사람(기업)에게 사야 하느냐?' '왜 지금 사야 하는가?' 등등에 대한 콘텐츠를 보완한다면 차별화시킬 길이 보입니다. 똑같은 제품을 왜 이 사람(기업)에게 사야 하느냐로 어떻게 차별화할 수 있을까요? 바로 3가지로 접근할 수 있습니다.

먼저 같은 제품을 판매하는데, 제품 사용법 영상을 여러 편 제공하고 있다면 여기서 살 이유가 됩니다. 더 전문성 있어 보이고 문제가 생기더라도 해결책을 잘 제시해 줄 거라는 믿음이 생기니까요.

다음으로 오랫동안 그 분야의 제품만 팔아온 이력도 여기서 살 만한 이유가 됩니다. 다른 제품 말고 오로지 한 제품만 팔아왔다면 더 강력합니다. 상품 판매한 지 1개월 된 곳보다 1년 된 곳에서 사는 게 안전하게 느껴집니다. 전자제품, 속옷, 액세서리 다 판매하는 곳보다 전자제품만 판매하는 곳에서 전자제품을 구매하는 게 안전하게 느껴집니다.

셋째, 소통할 수 있는 커뮤니티를 운영하는 기업이라면 같은 제품을 판매하더라도 여기서 구매할 이유가 됩니다. 이 역시 소비자가 구매할 때 안전한 감정을 더 주기 때문입니다. 제품과 관련된 다양한 콘텐츠를 꾸준히 제작했을수록 차별화 포인트를 만들기 편합니다. 그래서 나중에 어떤 제품을 판매하게 될지 몰라도 현재 관심사를 바탕으로 콘텐츠를 계속 제작해서 올리라고 예비창업자분들께 미션을 드려왔습니다.

아무래도 자신의 관심사를 바탕으로 창업아이템을 선택할 확률이 높은데 그 아이템을 세상에 선보이기까지 남긴 콘텐츠가 창업 스토리가 되고, 역사가 되어서 차별화 포인트로 작용합니다.

미래에 어떤 아이템으로 창업할지 몰라도 지금 관심사로 공부하는 것을 정리해서 개인이나 기업의 SNS 채널에 올리세요. 이런 조언에 따라서 론칭 후 초반에 빠르게 성장한 경우를 주변에서 흔히 보고 있습니다.

그렇다면 서비스업에서의 차별화는 무엇일까요? 출중한 실력을 갖춘 몇몇 분들이 계시지만, 머리 잘 자르는 것만으로 차별화를 하기 어려운 게 헤어숍과 디자이너 분들의 고민입니다. 교육이 많기로 유명한 어느 헤어숍에서 우연히 커트할 일이 있었습니다. 피곤한 상태로 있다가, 커트를 마칠 때쯤 반복적인 패턴이 보여서 유심히 관찰했습니다. 커트를 마친 뒤 머리를 감으러 이동하려는 참이었습니다.

"시원하게 부탁드립니다."

"네, 시원하게 해 드리겠습니다."

의자에서 일어나자마자 제 눈앞에서 디자이너분과 보조 디자이너분이 이렇게 대화하셨습니다.

저는 '시원'이라는 키워드가 머리에 남은 채 이동했습니다. 머리 감기 위해 앉았는데 다시 한번 그 단어가 들렸습니다.

"시원한 샴푸로 감아드리겠습니다."

그게 끝이 아니었습니다. 샴푸가 끝난 뒤에는 "시원하게 헹궈드리겠습니다."라고 마무리 멘트를 하셨습니다.

실제로 멘솔 샴푸로 감아서 시원함이 느껴지는 상황이었습니다. 그리고 머리를 말리고 두피 손상을 케어하는 시원한 액체를 또 뿌려주셨습니다.

저는 손질하기 좋은 짧은 머리로 커트했고 다른 곳에서도 비슷하게 구현할 수 있는 스타일이었습니다. 커트 스타일만으로 차별화는 어려운 상황이지요. 하지만 저는 여기에서만 느낄 수 있는 '시원함'을 제대로 경험했습니다. 이런 이미지를 고객에게 심어주는데 큰 비용이 드는 것도 아니지요. 제품과 서비스만으로 차별화하는 게 어렵다면 고객에게 어떤 정서적 경험을 줄지 고민해서 직원 교육과 콘텐츠 제공으로 풀어갈 수 있습니다.

고객에게 전달하고자 하는 정서적 감정 하나를 멘트에 담아서 반복하고, 그와 매칭되는 응대를 반복하는 것은 적은 노력으로 큰 차별화를 만드는 전략입니다. 그 정서는 고객의 뇌리에서 잘 떠나지 않을 테니까요.

마지막으로 외식업에서의 차별화를 살펴보겠습니다. 음식만으로 차별화하는 것도 한계가 있다고 종종 이야기 듣습니다. 좋은 재료와 검증된 레시피로 맛있게 만드는 곳이 많기 때문입니다. 그런데 외식업에서 차별화는 정말 불가능할까요? 다른 곳에서 파는 메뉴라도 고객이 다양한 차원의 맛을 경험하도록 설계하고 그 안에 스토리를 담아서 전달하는 사례를 소개합니다. 집 근처에 꿔바로우가 유명한 중화요리 집이 있습니다. 가깝고 맛도 좋아서 자주 가는 편입니다.

주말에 가족과 산책 중에 방문해서 꿔바로우를 시켜 먹고 있었습니다. 옆 테이블을 보니 어김없이 꿔바로우가 나오고 있었습니다. 직원 분이 오늘 처음 방문했는지 물어봤고, 옆에 앉은 손님은 그렇다고 했습니다.

"처음 오셨으니 꿔바로우 먹는 법을 설명해 드리겠습니다."

테이블 위에는 꿔바로우+파+고추냉이가 올려져 있었습니다. 취향대로 먹으면 될 것 같은데 처음 온 손님에게는 꼭 시간을 들여 먹는 법을 알려줍니다. 가위로 잘라주면서 먹는 법을 알려주기 때문에 처음 온 손님 입장에서 굳이 거절할 이유는 없습니다. 계속해서 직원 분의 멘트가 들려왔습니다.

"꿔바로우 잘 시키셨어요, 여기가 꿔바로우 맛집이거든요."

손님들은 자신의 선택이 틀리지 않았다는 사실에 매우 만족한 표정으로 고개를 끄덕였습니다. 직원분이 알려주시는 먹는 법은 사실 아주 간단합니다.

"처음에는 그냥 드시고, 두 번째는 파를 올려서 드세요. 그다음은 고추냉이까지 얹어 드셔 보세요."

이 단순한 안내를 통해 처음 방문한 손님은 여러 조합의 꿔바로우 맛을 단계별로 경험합니다. 실제로 옆 테이블에서는 그 순서대로 먹으면서 달라지는 맛을 가지고 대화를 나누고 계셨습니다.

특별한(?)절차에 따라 꿔바로우 먹는 법을 배웠으니 다음번에 친구를 데려오면 생색내면서 설명할 스토리가 생깁니다 (실제로 저를 처음 데리고 갔던 친구도 그랬습니다).

직원을 대신해서 음식의 스토리를 전파합니다. 또 고객이 쉽게 스토리를 전파하도록 쉽게 짜인 먹는 법이기도 했습니다.

꿔바로우 먹는 법 설명이 끝나니 더 기막힌 멘트가 들렸습니다. "오늘 꿔바로우 드셨으니, 다음번에는 누룽지탕 드셔 보세요. 많이 좋아하세요."

꿔바로우 가격의 약 2배 되는 누룽지탕을 자연스럽게 추천합니다. 지금이 아니라 다음번에 드셔보시라고 하니 부담스럽게 들리지 않습니다. 누룽지탕은 전에도 몇 번 맛을 봤는데 역시나 맛있고, 함께 드셨던 분들이 다 좋아하는 메뉴였습니다.

맛만 좋은 게 아닙니다. 먹기 전에 누룽지 쇼(건더기에 뜨거운 국물을 부을 때 소리 나는)가 있어서 시각과 청각을 자극합니다. 그 타이밍에 보통 스마트폰으로 자연스럽게 촬영하게 됩니다. 물론 SNS에 업로드되면서 또 알려지지요.

첫 번째 방문하는 고객부터 시작해서 그다음 단계로 방문을 유도하기 위한 차별화 전략이 존재했습니다. 여기서 끝이 아닙니다. TV 출연 기념으로 이벤트를 하면서 좀 더 비싼 음식을 평소보다 할인해서 제공하고 있었습니다.

평소에도 특별한 날과 계절에 이벤트를 종종 하면서 객단가 높은 음식을 판매하곤 했습니다. 이러면 최소 3번은 방문해 보지 않을까요? 3번 이상 식당에 방문하면, 그리고 직원이 손님을 알아보면 그 고객은 단골이 된다고 합니다. 혼자 오지 않고, 자신이 알고 있는 이 식당의 스토리를 전달해 줄 친구를 데려오는 단골이 됩니다. 제 친구가 그랬고, 제가 그랬던 것처럼 말이지요.

게으르지만 콘텐츠로 돈은 잘 법니다

차별화시키기 어렵다고 주변에서 말했던 이커머스, 서비스업, 외식업에서 콘텐츠와 고객 경험 설계를 바탕으로 차별화하는 사례를 일상에서 경험한 내용을 바탕으로 정리했습니다. 다른 관점으로 보면 차별화 포인트를 얼마든지 더 찾을 수 있고, 다양한 곳을 방문하다 보면 더 많이 영감을 얻을 수 있겠지요.

앞서 말씀드렸듯이 어떤 관점으로 일상을 관찰하고 기존에 알던 것과 잘 연결하느냐에 따라서 차별화 포인트는 무궁무진하게 나올 수 있습니다. 아래에 그런 관점을 형성하는 데 도움을 줄 질문을 정리해보았습니다.

콘텐츠 해커의 정리!

아래 질문을 바탕으로 고민하면서 직접 차별화 포인트를 만들어보세요.

이커머스

1. 왜 나에게 사야 하는가?

2. 제품 외에 고객에게 줄 수 있는 콘텐츠는 무엇이 있는가?

3. 제품 사용법을 영상으로 제작할 수는 없을까?

4. 고객이 대화 나눌 커뮤니티를 만들 수는 없을까?

5. 내가 판매하는 제품만 전문적으로 판매하는 것처럼 보이는가?

서비스업

1. 내 서비스를 받고 고객이 기억할 핵심 키워드는 무엇인가?

2. 그 키워드가 고객의 기억에 남기 위해서 어떻게 멘트를 구성할 것인가?

3. 키워드가 고객의 정서와 감정으로 연결될 수 있게 돕는 행동, 제품은 무엇이 있는가?

외식업

1. 제공하는 음식의 맛을 다양한 차원으로 느끼게 하는 먹는 방법이 몇 개 존재하는가?

2. 고객이 지키면서 먹어야 하는 절차가 존재하는가?(이런 이런 순서대로 드세요)

3. 반드시 내 가게에 와서 먹어야 한다고 내세울 메뉴가 있는가?(가성비+스토리)

4. 그 메뉴를 맛본 고객에게 추천해 줄 그다음 메뉴가 존재하는가? (나중에 먹었을 때, '와' 소리 나오는)

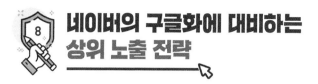

네이버의 구글화에 대비하는 상위 노출 전략

검색 사이트의 상위 노출 로직은 누구를 위해서 만들어진 것일까요? 서칭하는 사용자를 배려하기 위해 만들어졌다는 것을 금방 알 수 있습니다. 품질 좋은 검색 결과물을 만날 때 검색 사이트의 사용자가 늘 것이고, 그런 상황에서 광고나 사업제휴 등으로 검색 사이트는 돈을 벌 수 있기 때문입니다.

이런 본질적인 부분을 파악하면 상위 노출 전략은 상식적인 선에서 예측 가능해집니다. 사용자를 위한 최적의 검색 노출을 더 잘 반영하는 검색 사이트는 네이버보다는 구글에 가깝고 네이버가 장악한 우리나라 검색 시장을 구글이 위협한 지 오래되었습니다. 여러 요인이 존재하겠지만 명확히 드러난 요인들을 보자면 다음과 같습니다.

첫 번째, 안드로이드 폰과 크롬 브라우저 사용자의 증가가 있습니다.

두 번째, 유튜브의 폭발적 성장 또한 구글 검색 비중을 높였습니다.

세 번째, 네이버 검색 결과로 광고 포스팅 위주로 노출되는 영향이 있습니다.

네이버는 2019년 구글처럼 검색창이 도드라지는 업데이트를 하면서 변화를 시도하는 등, 구글과의 경쟁에서 살아남기 위한 도전을 계속하고 있습니다. 그리고 상위 노출 로직도 변화를 줬는데요. 업데이트된 네이버 상위 노출 가이드는 C-랭크rank와 DIA 로직을 따릅니다. 이는 구글이 오래전부터 상위 노출에 적용했던 로직과 거의 상통합니다.

낯선 용어이지만 사용자를 위해 검색 로직이 작동한다는 상식적인 접근으로 쉽게 이해될 수 있으니 계속 잘 따라와 주세요. 구글은 이런 상식적인 접근에 입각해서 상위 노출 로직을 유지해왔고 네이버가 이를 따라가는 것을 두고 네이버의 구글화라 부르기도 합니다.

저는 2016년부터 구글 상위 노출에 신경을 썼습니다. 창업 관련 키워드로 1년 정도 공을 들여서 포스팅을 하며 트래픽을 만들었고, 관련 검색어로 1,2,3위 상위 노출을 시키는 만족스러운 결과물을 얻기도 했습니다. 인적사고로 홈페이지 서버가 다 날아가고 상위노출 게시물들도 먼지로 돌아간 일이 있었지만 몇 달 뒤 다시 홈페이지를 만들어서 상위 노출 1위를 다시 잡기 시작했습니다(무자본 창업을 구글에서 검색해보세요).

여기서 잠깐, 방금 저는 딱 한 문장으로 상위 노출 전략의 큰 체계를 말씀드렸습니다. 어떤 문장일까요? 바로 '창업 관련 키워드로 1년 정도 공을 들여서 포스팅을 하며 트래픽을 만들었고'라는 문장입니다. 상위 노출에 필요한 모든 내용을 담고 있습니다. 지금부터 상위 노출에 필요한 C-랭크와 DIA 로직에 해당하는 이야기를 할 텐데 모두 이 문장 하나에 다 녹아있습니다.

사이트 신뢰도

검색 로직에 맞춰서 글을 썼어도 사이트의 신뢰도에 따라 상위 노출 결과가 달라집니다. 예를 들어 사이트가 만들어진 지 오래되었고 방문자가 많다면 그렇지 않은 곳보다 신뢰가 있다고 판단할 수 있겠지요? 또한 일관된 주제로 전문성 있는 포스팅을 해온 부분도 사이트의 신뢰도에 영향을 미칩니다. 내 사이트의 신뢰도 지수가 궁금하다면 MOZ RANK로 점검해볼 수 있습니다. https://smallseotools.com/mozrank-checker 도메인 주소를 입력하면 점수가 나오는데 10점에 가까울수록 신뢰도가 높다고 보면 됩니다.

오래된 사이트, 방문자가 많은 사이트, 일관된 주제가 있는 사이트의 신뢰도가 높다고 말씀드렸습니다. 당연한 이야기이지요? 그런데 이것만으로는 부족합니다. 사이트의 신뢰도를 책정하는데 무엇이 더 필요할까요?

방문자가 더 오래 머물고 여러 페이지를 보며 첫 페이지에서 바로 이탈하는 비율이 낮아야 합니다. 구글 어낼리틱스를 통해서 이런 수치를 쉽게 볼 수 있습니다.

네이버에서 말하는 C-랭크는 위에서 말한 기준에 따른 사이트 신뢰도를 따른다고 볼 수 있습니다. 기본적으로 사이트의 신뢰도가 높은 상태

구글어날리틱스 화면 예시

에서 검색 로직을 갖췄을 때 이른 시일 안에 상위 노출이 됩니다.

구글의 경우는 상위 노출까지 길면 6개월씩 걸리기도 합니다. 하지만 그렇게 올라가면 순위가 잘 떨어지지 않습니다. 매달 수백만 원씩 키워드 광고해야 하는 자리를 돈을 지급하지 않고 차지할 수 있습니다. 이렇게 검색을 통해 상위 노출된 게시물로 유입된 방문자는 광고를 통해 접근한 방문자보다 고객으로 전환될 확률이 아무래도 높겠지요?

검색 로직

구글에 상위 노출시키려면 구글의 검색 로직STA에 맞춰서 포스팅을 해야 합니다. 네이버에서는 DIA로직에 해당됩니다. 제목에 키워드가 있는지, 이미지는 몇 개가 있는지, 글자 수는 어떻게 되는지, SNS에서 공

게으르지만 콘텐츠로 돈은 잘 법니다

유가 얼마나 되는지 등이 상위 노출에 영향을 미칩니다. 네이버 상위 노출을 시도해본 분이라면 대부분 떠올릴 수 있는 내용입니다.

'제목에 키워드가 들어가야 한다. 본문에 문단별로 키워드가 적당히 들어가야 한다. 충분한 정보를 전달할 만큼의 길이여야 한다 등등.'

하지만 이보다 더 본질적인 상위 노출 기준은 방문자가 글을 충분히 공들여서 읽는지, 금방 나가버리진 않는지, 공유하는지, 댓글을 다는 지 입니다. 방문자가 이런 행동을 한다는 것은 그 페이지가 '가치 있다'는 것을 뜻하기 때문입니다.

그러므로 잠재고객을 위한 뉴스레터를 만들고, 잠재고객을 위한 커뮤니티를 만들며 큰 규모로 운영해서 그들에게 상위 노출하고 싶은 링크를 공유하는 게 좋습니다. 관심 있는 분들이라 페이지에서 머무는 시간이 더 길어지기 때문입니다. 네이버 블로그 상위 노출에 이를 적용시킨다면, 관심사가 같은 분들과 서로 이웃을 맺고, 댓글로 소통을 자주하는 분들과 친밀하게 교류해야 한다는 부분과 연결됩니다.

조급함과 악순환

콘텐츠 마케팅을 통해 자문, 코칭, 강의하면서 다양한 분들을 만났습니다. 10에 9명에게서 느껴지는 감정 하나가 있습니다. 바로 조급함입니다. 대한민국에서 학창 시절을 가로질러 열심히 살려는 분이라면 반드시 가지고 있는 감정입니다. 내 적성과 상관없는 공부, 직장생활, 사업에 쏟았던 과거 시간을 단번에 돌려받아야겠다는 조급함을 자신도 모르게 갖고 있습니다.

　마음이 조급하다 보니 빨리 성과를 내줄 것 같은 서비스에 계속 눈이 갑니다. 하지만 그 역시 남을 위한 적금을 쌓는 시간의 반복이고 현실의 벽 앞에서 좌절합니다. 조급함을 가지고 있으면 본질을 볼 여유가 없습니다. 지름길만 찾게 됩니다.

　여러 번 사업 실패 후 사업에 성공한 분들로부터 제가 배운 지름길이 있습니다. 바로 '정도'입니다. 지금 겪지 않으려고 발버둥 쳐도 나중에 더 크게 겪을 수밖에 없는 것들이 존재합니다. 지금 겪지 않고 빨리 돈 벌기 위해 쉽게 베끼고, 유명세에 빨리 오르는 건 오히려 지름길에서 멀어지는 길입니다.

　제가 생각하는 상위 노출 전략 역시 한 단어로 말하면 '정도'입니다. 정도를 걷지 않고 상위 노출의 지름길만 찾는 분들이 있습니다. 그분들은 '지금' 쌓을 수 있는 귀한 것을 쌓지 못합니다. 지금 쌓아야 하는 것을 쌓지 않기 때문에 시간이 가면서 조급함은 더 커집니다. 조급함이 두터워지는 만큼 귀는 더 얇아지고, 사기꾼에게 당하기 쉬워집니다. 매출을 유지하기 위해 광고비는 점점 더 많이 나가지만 이익은 줄고 조급함은 더 커집니다. 이런 악순환에 빠진 분들을 많이 보았습니다. 단기적으로 돈을 써서 빨리 노출되는 부분만 신경 쓰고 있다면 지금 적립할 수 있는 시간과 콘텐츠의 위력을 허공에 날리면서 악순환으로 향하는 과정입니다. 잠재고객이 더 오래 내 사이트에 머물게 하는 질 좋은 콘텐츠를 만들고 잠재고객과 직접 접촉할 수 있도록 커뮤니티를 만드는 콘텐츠 마케팅에 신경을 쓰세요. 네이버가 구글화가 되면 될수록 콘텐츠 마케팅을 염두에 두고 사업하는 분들의 상품이 더 자주 노출될 것이고, 광고비를 쓰지 않고 돈 버는 기회가 늘어날 테니까요.

 콘텐츠 해커의 정리!

세상에 특별한 노하우라 불리는 것들은 파고 들어가다 보면, 결국 본질을 건드리고 있습니다. 꼼수를 부리는 자는 언젠가 도태되기 마련이고 꼼수는 불필요한 에너지를 계속 낭비하게 만듭니다. 검색 로직이 바뀔 때마다 타격을 입고 새롭게 마케팅을 공부하고 이런 접근은 본질을 파고 들지 않을 때 나타납니다. 검색 로직을 만드는 업체의 입장에서 생각해보면 답이 나옵니다. 그리고 그 답은 꼼수로 달성하기 어렵습니다. 앞으로 어떻게 로직이 변해도 끄떡없이 돈 벌 수 있는 핵심을 이번 챕터에서 꼭 체득하세요.

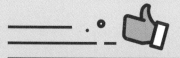

PART 5

정말 게을러도 됩니다.
육아 맘의 무자본에서
1억 매출 낸 사례

육아 맘의 무자본에서 1억 매출 만들기#1
콘텐츠로 작게 시작하기

'고정 비용 최소로, 출·퇴근 없이, 최소 인력으로 매출을 올리는 것'

이는 자유롭게 돈 벌고 싶은 분들이 꼭 기억해야 할 요소입니다. 그렇지 않고 높은 매출을 올리는 것만 목표로 두면, 쓸데없는 비용이 나가고 인력 관리로 자유도를 빼앗기는 건 시간문제입니다. 육아하며 콘텐츠 기반으로 수익률이 높은 사업을 운영하는 창업자 사례를 몇 챕터에 걸쳐 소개하겠습니다. 이 창업자는 바로 제 아내 김지혜 대표입니다. 콘텐츠 기반으로 창업하기 위한 전 과정을 제가 가이드했기 때문에 다른 어떤 창업 사례보다 구체적으로 이야기할게 많습니다.

저는 한 식사 자리에서 다음과 같은 질문을 받았습니다.

"신 대표가 말하는 무자본 창업으로 성공한 사례가 무엇이 있나요?"

그러면 저는 아래와 같이 되물어봅니다(제가 대답을 회피한다고 기분 나빠하는 분도 계신데, 더 진지하게 대화를 위한 질문입니다).

"대표님이 정의하는 사업 성공은 무엇입니까?"

게으르지만 콘텐츠로 돈은 잘 법니다

- 투자를 많이 받아본 한 대표님은 100억 정도는 투자받아봐야 성공한 것이라 말합니다.
- M&A로 돈 번 대표님은 자기 회사를 팔아봐야 성공한 것이라 말합니다.
- 상장을 몇 번 해 본 대표님은 상장 정도는 해야 성공한 것이라고 말합니다.

하지만 저는 개인과 가족의 삶이 얼마나 충만해지는지, 내가 머물 곳과 머물 시간을 자유롭게 정할 수 있는지를 성공의 지표로 여깁니다. 돈을 한 번에 버는 경험 그 자체가 성공이라면 저 역시 성공하지 못했고 그런 성공을 도와준 사람도 아닙니다. 하지만 적어도 비용을 거의 들이지 않고 높은 자유도를 유지하면서 직장다니는 것보다 돈을 많이 버는 사례는 우리나라에서 제가 제일 많이 가지고 있지 않을까 생각합니다.

육아 맘의 콘텐츠 기반 사업 성공기 #1

10년 외국계 금융회사에 다니며 커리어를 쌓던 아내(김지혜 대표)는 출산 후 육아휴직을 했다가 복직을 고민하는 순간이 왔습니다. 매일 밤 아내와 저는 행복한 가정의 모습에 관해 대화를 나눴습니다. 그리고 지금 갓 태어난 첫째 아들과 함께 누리는 자유의 시간이 회사에서 버는 돈보다 가치 있다 판단하고, 출근 없이 회사 다닐 때보다 더 많이 벌 수 있는 사업을 해보자고 결심했습니다.

그래서 김 대표가 좋아하면서도 잘하는 것, 그리고 시장에서 먹힐 수 있는 교집합에 관한 대화를 많이 나눴습니다. 대화를 바탕으로 아이디어를 구체화해보다가 제일 마음에 끌리고 큰 비용 없이 바로 할 수 있는 것부터 도전을 시작했습니다.

첫 번째 아이템은 아마존 킨들에 영어책을 계속 출간해서 인세를 받는 모델이었습니다. 역시 콘텐츠 마케팅을 하기 위해 잠재고객에게 필요한 정보를 페이스북에 업로드하면서 구독자를 먼저 모았습니다. 아내와 매일 대화를 나누면서 당장 잘 쓸 수 있는 육아와 관련된 책, 명상 책 등 10여 권의 책을 기획했고 하나씩 4달 정도에 모두 출간을 했습니다(전자책의 경우 권당 페이지 수가 60페이지 정도 되기 때문에 충분히 가능한

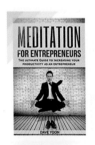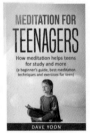
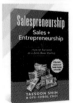

실제 아마존에 출간해서 판매되고 있는 책들

게으르지만 콘텐츠로 돈은 잘 법니다

일이었습니다).

　페이스북 채널에 콘텐츠를 지속해서 올리면서 중간중간 출간한 책 소개 링크를 넣어두어서 하루에 몇 권씩 팔리긴 했지만 만족할 만한 수익은 아니었습니다. 그래도 책 판매를 위해 콘텐츠 마케팅을 지속하려고 했기 때문에 책 소개를 위한 영상 콘텐츠 만드는 법을 찾기 시작했습니다.

　정보성 콘텐츠로 채널을 키우면서 전자책을 팔아보면서 김 대표는 기대치에는 못 미치는 결과에 약간 실망을 했습니다. 살짝 넘어져 본 것입니다. 하지만 손해 본 것은 없었습니다. 아마존 출간 시장에 대해서 배우고, 시야를 넓히는 계기가 되었으니까요. 큰돈을 쓴 것도 없었고 책 판매로 돈은 벌었으니까요. 하지만 책으로 안정적인 돈을 벌기 위해서는 최소 100권의 전자책은 만들어야 할 것 같았고 장기적으로 1000권을 출간해서 이 인세로 수익을 만들어서 대대손손 잘 먹고 잘사는 장기 플랜으로 전환했습니다.

　그리고 잠재고객에게 도움되는 콘텐츠를 만들기 위해 이용했던 해외 성우 서비스를 가지고 비즈니스 모델을 1차로 전환합니다. 원어민 성우를 우리나라에서 다양하게 구하는 것은 까다롭고 비쌌습니다. 그래서 해외 성우와 직접 연락해서 우리나라 보다 저렴하게 이용할 수 있게 협상을 하고 우리나라 재능 마켓에서 판매를 했습니다. 잠재고객에게 도움이 될 샘플 콘텐츠를 성우에게 부탁해서 사이트에 올려놓고 주문을 받았습니다. 결제가 이뤄지면 성우에게 대사를 전달해서 음성을 받았고 고객이 돈을 주면 중개비를 빼고 성우에게 전달했습니다. 자본이 먼저 들어가지 않고 유통비가 들지 않고, 출·퇴근 없이 시간도 많이 들지 않는 사업 모델이었습니다.

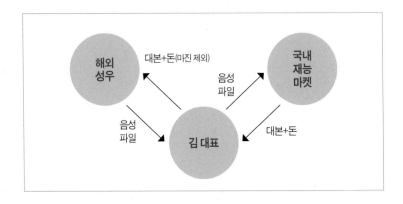

약 20~30분 정도의 시간을 투자하면 적게는 3만 원 많게는 5만 원 가까이 수익이 발생했습니다. 이 과정에서 고객이 원하는 방향과 성우가 받아들이는 방향이 매번 차이가 나는 것을 개선하기 위해 고객의 요청에 대해 구체적으로 가이드라인을 제시하면서 시스템을 만들었습니다. 그래서 고객이 주문을 요청할 때, 원어민 성우의 샘플을 선택하고 낮은 톤, 중간 톤, 높은 톤과 느린 속도, 보통 속도, 빠른 속도를 선택하게 했고 관련된 샘플을 따로 만들었습니다.

그러다 보니 추가 수정을 요청하는 상황이 확 줄었습니다. 그렇게 20~30분의 노력으로 건당 몇만 원씩 돈을 벌게 되었습니다. 외국인 성우를 중개하면서 시공간 제약 없이 돈을 버는 것은 확인했지만, 새로운

게으르지만 콘텐츠로 돈은 잘 법니다

문제에 봉착합니다. 단순 중개만 하는 작업을 하다 보니 아이템을 지속할 원동력이 생기지 않았다는 것입니다.

김 대표는 금융권에 오래 있으면서 단순 반복적인 사업에 많이 지쳐 있었습니다. 그래서 좀 더 재미있게 돈 버는 방향을 찾기 위한 대화를 또 매일 나눴습니다. 그렇게 발견한 아이템 역시 아마존 책 판매를 위해 콘텐츠 마케팅을 했던 과정에서 실마리를 찾았습니다.

책 소개 영상 콘텐츠를 만들기 위해서 연구했던 애니메이션 제작 전문가와 그들의 툴을 연구한 것에서 힌트를 얻었습니다. 영상 기획을 하고 영상 제작 툴을 사용해서 홍보 영상을 만들면 창의적인 일을 하면서도 높은 단가를 받을 수 있을 것 같았습니다.

저는 기업 카피 제작과 상품 소개 페이지 제작, 마케팅 기획을 10년 가까이 해왔기 때문에 이를 영상 기획에 접목하는 것은 어렵지 않았습니다. 김 대표는 제가 만든 영상 기획안을 창의적인 애니메이션으로 구현하는 연습을 했습니다. 역시나 재능 마켓에 올려놓고, 반응이 올 때까지 계속해서 상품 소개 페이지를 업그레이드하면서 연습용으로 제작한 샘플 영상을 업로드했습니다. 한 달 정도 되었을 때 한두 건 주문이 들어왔습니다. 신나서 영상을 제작하던 김 대표에게 물어봤습니다.

"성우로 돈 벌 때보다 어떤 것 같아?"

"훨씬 재미있고, 퀴즈를 풀어가는 게임 같아!"

여러 번 비즈니스 모델을 안전하게 전환해본 끝에 자신과 결이 잘 맞는 방식을 발견한 순간이었습니다.

독자님은 혹시 오토바이를 제대로 배우는데 돈이 얼마나 드는지 아시나요? 우리나라에서 정식 오토바이 수업을 운영하는 곳이 있는데 커리큘럼을 다 이수하려면 1000만 원 정도가 든다고 합니다.

이 수업을 들으면 가장 먼저 배우는 게 무엇일까요? 바로 '잘 넘어지는 법'입니다. 스키를 타러 가도 마찬가지이지요? 엉덩이랑 손목이 아파서 미치겠는데 계속 넘어지는 연습만 합니다. 제대로 교육하는 곳은 그것을 마스터하기 전에 다음 단계로 가지 않습니다.

왜 그럴까요? 오토바이든 스키든 한 번은 무조건 넘어지기 때문입니다. 그리고 한 번이라도 잘 못 넘어지면 생명에 지장이 생기기 때문입니다. 본인의 생명뿐 아니라 타인의 생명에도 영향을 줍니다. 그래서 충분한 시간과 비용을 들여서 넘어지는 법을 배워야 한다는 인식이 있습니다. 하지만 창업하는 사람에게 넘어지는 것을 대비하게 알려주는 곳은 찾기 힘든 것 같습니다.

대박 내는 방법을 알려 준다는 곳밖에 안 보입니다. 꼭 기억해야 합니다. 창업해도 무조건 한 번은 넘어집니다. 창업하고 잘 못 넘어져도 역시 생명에 지장이 생깁니다. 가족과 주변의 생계에도 심각한 영향을 미칩니다.

자신은 절대 넘어지지 않을 거라고 믿고 무리하게 창업하는 분을 수도 없이 만났습니다. 그리고 여지없이 무너지는 모습도 지켜봐야 했습니다. 성공하는 것만 생각해도 모자라는데 실패를 떠올리는 것은 사치라 말하는 분도 계셨습니다. 하지만 그런 말은 과거에 처참한 실패 후,

어렵게 재기하는 분들이 모든 걸 다 걸고 사업할 때 할 수 있는 이야기입니다.

자신은 절대 넘어지지 않을 거라 확신하고 설계하는 사업 기획은 반쪽짜리입니다. 넘어졌을 때를 대비해도 현실에서 실제로 경험하면 죽도록 아픕니다. 하지만 콘텐츠 마케팅으로 접근하면 자본을 들여서 상품을 다 만들고 돈 들여서 광고하면서 돈 벌지 않습니다.

큰돈 들이지 않고도 잠재고객에게 필요한 콘텐츠를 먼저 만듭니다. 그런 콘텐츠를 구독하고 보는 고객과 소통하면서 그들의 니즈를 파악하면서 팔리는 상품을 기획하고, 초반에 구매할 고객을 미리 모아놓고 돈 벌면서 무자본으로 창업합니다. 중간에 생각대로 잘 안 되어 넘어지는 일도 있겠지만 별로 치명적이지 않습니다. 이렇게 안전하게 넘어지는 법을 여러 번 체험해볼 수 있습니다.

많은 분들이 제게 다음과 같이 질문합니다.

"저는 어떤 사업 아이템을 하면 좋을까요? 어떤 사업 아이템을 하면 제가 돈을 많이 벌까요?"

불안하고 답답한 마음에 물어보는 것을 잘 알고 있습니다. 하지만 이런 질문에 대해서 저는 다음과 같이 말할 수밖에 없습니다. "저에게 점 보러 오신 건 아니죠? 그러면 복비를 추가로 내셔야 하거든요. 자신이 가장 잘하고 좋아하는 것부터, 혹은 불편한 것부터 출발해서 공부하고, 성장하는 과정을 모두 콘텐츠로 만드세요. 콘텐츠가 많이 쌓이면 그것만 모아서 판매도 해보고 그 콘텐츠에 반응하는 사람에게 질문하고, 소통하면서 아이템을 구체화하세요. 그리고 미리 고객을 확보한 상태에서 상품을 만들고 초기 고객에게 혜택을 주면서 판매하세요."

콘텐츠 마케팅은 이렇게 무자본 창업으로 연결됩니다. 이렇게 시작한 아이템을 가지고 계속 업그레이드 하면서 자신과 결이 더 맞는 아이템으로 발전시키면 됩니다.

 콘텐츠 해커의 정리!

미리 잠재고객을 모아두기 위해 콘텐츠부터 만들지 않았다면? 김 대표의 사업은 여기까지 오지 못했을 것입니다. 처음 돈을 벌게 해준 아이템과 실제로 큰돈을 벌게 해준 아이템은 달랐습니다. 계속 넘어지는 과정을 통해서 배우고 발전하려고 했기 때문입니다. 직접 돈을 벌어보는 과정에 뛰어들기 전까지 나에게 잘 맞는 창업 아이템을 발견하긴 어렵습니다. 그래서 가볍게 뛰어들고 맞아보며 넘어지면서 나에게 맞는 아이템을 찾아가는 과정이 필요합니다. 제가 함부로 아이템을 특정해서 추천하지 않는 이유이기도 합니다. 독자님은 무엇을 할 때 기쁘고 즐거우신가요? 그게 최종 아이템이 되지는 않겠지만 첫 아이템을 결정짓는 중요한 힌트를 줄 것입니다.

　　　　　　　　　　게으르지만 콘텐츠로 돈은 잘 법니다

육아 맘의 무자본에서 1억 매출 만들기#2
스몰스텝

사업을 크게 하는 분들을 뵐 기회가 많았지만 모든 분이 부럽지는 않았습니다. 돈을 많이 벌어도 하고 싶지 않은 일을 억지로 하고 있거나 당장 오늘이라도 그만두고 싶다고 말하는 분도 꽤 많았습니다. 공적인 자리에서는 행복을 이야기했지만 사적인 자리에서는 행복하지 않다는 이야기를 했고, 지갑에 공황장애약을 넣어 다니는 분도 한두 분이 아니었습니다. 돈을 아무리 많이 벌어도 해결되지 않는 불안감의 끝에 계신 분들을 만나 이야기를 들으며 저는 저만의 부자에 대한 정의를 새롭게 내리게 되었습니다.

- 진짜 부자는 해야 하는 게 많은 사람이 아니라 하지 않아도 되는 게 많은 사람
- 진짜 부자는 살 수 있는 게 많은 사람이 아니라 사지 않아도 되는 게 많은 사람

- 진짜 부자는 만나야 할 사람이 많은 게 아니라 만나고 싶지 않은 사람을 안 만나도 되는 사람

이게 제 결론이고, 이런 모습이 행복한 부자의 모습이라 생각했습니다. 그리고 이렇게 되고 싶어 공부했던 것들이 콘텐츠 마케팅으로 연결되었고 강의를 하다가 이렇게 출간까지 되었습니다.

《행복의 기원》을 쓴 서은국 교수님은 행복하기 위한 딱 하나의 검증된 결론을 이야기해주십니다. 그게 무엇일까요?

'좋아하는 사람과 함께 있는 것'과 '맛있는 식사를 하는 것'입니다. 저는 함께 식사하면 기분 좋아지는 사람, 함께 여행하면 서로 배려하고 불편하지 않은 사람, 함께 있으면 몇 마디 안 해도 편한 사람, 술을 마시지 않아도 같이 잘 놀 수 있는 사람, 가족과 함께 만나도 편한 사람, 이런 분들과 오래 시간을 보내고 싶고, 같이 비즈니스를 하고 싶습니다. 그래서 오늘도 제 주변에 좋은 분들께 저는 콘텐츠 마케팅을 설파하고 있습니다. 각설하고, 김 대표의 사업이야기를 계속 해보겠습니다.

육아 맘의 콘텐츠 기반 사업 성공기 #2

'크몽'이라는 재능마켓에 김 대표는 사업 소개를 간단하게 올렸습니다. 영상 샘플 하나에, 후기도 없었습니다. 어필할 수 있는 것은 고객의 어떤 문제를 해결해 줄 수 있는지를 명확히 짚은 상품 소개 페이지와 초반 할인 혜택뿐이었습니다.

재능마켓의 세일즈 페이지

차별화된 소개 페이지를 만들기 위해서 비슷한 상품을 구매한 고객들의 후기를 보았습니다. 얼마나 창의적으로 영상을 잘 만드는지 가격이 얼마나 저렴한지에 대한 내용들이 눈에 띄었습니다. 고객 후기에서 좋은 점수를 받은 말들은 주로 〈응대가 친절하고, 바로바로 소통이 되어서 좋다〉라고 했던 부분이었고, 점수가 좋지 않은 말은 '생각한 대로 표현이 되지 않은 게 불만'이었다고 하는 것을 확인했습니다. 이런 탐색을 바탕으로 서비스 소개를 기획했습니다.

일단 고객이 겪고 있을 문제, 고민할 문제에 대해서 리스트를 만들었습니다. 그것을 바탕으로 고객의 문제에 공감하는 글로 소개 페이지를 시작했습니다. 그리고 그 문제에 대해서 김 대표가 하고 있는 고민, 철학, 대안을 글로 풀었습니다. 특히 원래 생각했던 영상이 만들어지지 않아서 후회하는 일은 없을 것이라고 적었습니다. 앞서 말한 다른 업체의 고객 후기에서 영감을 받은 부분입니다. 같은 돈을 들인다면, 고객의 고민을 잘 알고 기획 역량이 있는 업체에게 쓰는 게 마음 편하고 돈 아깝지 않으실 거라 소개했습니다. 역시나 고객 후기에서 영감을 받은 부분입니다.

사업 초기라 후기는 없었고, 재능마켓 입점 기념 할인 이벤트를 한다고 적었습니다. 이렇게 소개 페이지를 업데이트하다 보니 주문이 하나씩 들어왔습니다. 고객이 원하는 영상 느낌과 김 대표가 생각하는 영상이 어떤 단어들로 인해서 차이가 발생하는지 점검했습니다. 해외 성우 사업을 하면서 이미 이런 경험을 해봤기 때문입니다. 몇 번의 영상 작업을 진행하면서 고객이 원하는 것을 김 대표가 더 잘 이해할 수 있게 만드는 고객용 질문 리스트가 완성되었습니다.

이후부터 주문한 고객에게 이 질문 리스트를 드렸고, 그 답변을 바탕으로 김 대표가 할 수 없는 부분은 제작이 어렵다고 작업 진행 전에 말했고, 합의점을 찾을 수 있으면 진행하는 식으로 해서 고객과 의사소통 문제가 생기는 비율을 제로에 가깝게 줄여갔습니다. 이뿐만 아니라 다른 업체와 차별화하기 위해서는 좀 더 다양하게 영상을 표현할 수 있는 노하우가 필요하다고 생각했고 고객의 무리한 요청도 역량을 키운다는 생각으로 수단과 방법을 가리지 않고 영상을 제작해봤습니다. 초기에 많은 주문이 없었기 때문에 시도해 볼 수 있었던 일이었고, 그 덕분에 다른 업체에서 표현하지 못하는 특이한 느낌의 영상 포트폴리오와 노하우를 가지게 되었습니다.

고객 만족도는 매번 훌륭했고 김 대표도 제작 스킬이 늘어갔으며 제작 시간도 단축되었습니다. 거래가 완료된 고객에게는 후기를 꼭 부탁 드렸고, 감동할 수 있도록 정성스럽게 부탁드려서 마지막까지 좋게 마무리했습니다. 별 다섯 개의 후기들이 빠르게 쌓여갔습니다. 그렇게 재능마켓에 서비스를 시작한 달에 200만 원의 매출이 났습니다. 수수료를 빼고는 대부분 순이익이었습니다. 육아하면서 집에서 컴퓨터 한대로 이룬 성과치고는 나쁘지 않았습니다.

그리고 때마침 정부지원 사업 하나가 눈에 띄었습니다. 김 대표와 함께 그 간의 성과와 고객 후기를 바탕으로 서류를 하나씩 작성했습니다. 실제로 매출 일으켰던 과정을 적으면 되었고 아마존 출간과 해외 성우들과 컨택해 보면서 해외 진출에 대한 비전을 그렸던 부분도 적었습니다. 1차 서류에서 통과가 되고, 2차에서 10분짜리 발표 후에 김 대표는 법인설립 전에 약 5300만 원을 지원받을 수 있었습니다.

정부지원에 도전하는 주변 분들에게도 적은 매출이라도 실제로 성과를 만들어서 서류에 반영하도록 권했고 매출이 없어도 콘텐츠를 지속해서 만들어 채널을 키우고 팬을 만든 노력을 담으라고 가이드했습니다.

적은 매출이라도 일으키기 위해서는 콘텐츠도 제작해보고 사람을 만나 설득도 해봐야 합니다. 거절당하면 원인을 분석해서 냉정하게 자신을 돌아봐야 하고, 스트레스가 쌓이면 자신이 기분 좋아지는 행동, 환경, 사람을 파악하고 있다가 활용해서 슬럼프에서 빨리 벗어나야 합니다. 부족한 부분을 알아차리고 피드백 받을 용기가 있어야 하고, 인간적인 매력을 보여주기 위한 최소한의 인성도 필요합니다.

놀랍게도 많은 분들이 이런 기본에 대한 고민 없이 이상적인 아이디어와 인맥만 가지고, 소중한 퇴직금을 털어서 팀을 꾸리고, 사무실을 계약하고, 애플리케이션을 개발하는 모습을 봅니다. 기본을 지키면 행복에 가까워질 수 있고, 기본을 지키면 원하는 것을 조금 더 쉽게 얻을 수 있습니다. 김 대표도 이런 기본적인 부분을 하나씩 다져가다 보니 좀 더 유리한 기회를 얻을 수 있게 되었습니다.

 콘텐츠 해커의 정리!

가장 기본적이고 가장 본질적인 것이 무엇인지 계속 생각해야 합니다. 그렇지 않으면, 나도 모르게 놓치고 가는 것들이 많아서 나중에 주워담기 힘들어집니다. '내가 사업을 하는 이유, 내 행복의 정의'가 바로 본질적인 고민입니다. 고객의 입장에서 볼 때 내 사업이 어떤 차별화 포인트가 있는지 연구하고 하나씩 발전시키는 게 돈을 버는 기본입니다. 본질과 기본을 중심에 두고 작은 스텝으로 나아가면 돈 버는 것은 시간문제입니다.

게으르지만 콘텐츠로 돈은 잘 법니다

육아 맘의 무자본에서 1억 매출 만들기#3
위기를 기회로

사람들은 목표를 정할 때 주로 돈에 대한 목표를 정합니다. 월급이 300만 원이었으면 연봉 1억이 되고 싶어 하고, 연매출 1억 원이면 10억 원을 만들고 싶어 합니다. 이런 목표를 가지는 건 너무나 자연스러워 보입니다. 그런 목표를 가지라고 말하는 책과 멘토도 많으니까요.

하지만 저는 돈을 키우는 목표 전에 중심을 잡아주는 목표가 있어야 제 행복을 지킬 수 있다는 것을 확실히 깨달았습니다. 바로 반대로 줄여가는 목표입니다. 도대체 무엇을 줄여나가야 할까요? 열심히 일해서 월에 1천만 원 버는 목표를 달성했다면 일하는 시간을 '줄이면서 같은 돈을 버는 목표부터 달성해보는 것'입니다.

시간뿐만이 아닙니다. 경쟁이나 마찰을 줄이면서 '같은 돈을 버는 것, 감정 소모를 줄이면서 같은 돈을 버는 것도 그런 목표입니다. 제가 딱히 체력이 좋은 것도 아니고, 부지런하지도 않고, 강철 멘탈도 아니라는 것을 영업에 일찍 뛰어들어 파악하고 힘들게 돈을 벌어봤기 때문에 이런 선택이 가능했습니다. 처음에도 이야기했지만 저는 토끼보다 거북이에 가깝습니다(둘 중에 누가 더 좋고 나쁘고는 없고 그냥 그렇게 태어난 것입니다). 1등이 되기 위해 높은 산을 오르는 환경에서 저 같은 거북이들은 생존하기 어렵습니다. 우화에 나온 대로 토끼의 실수를 기대할 수밖에 없습니다. 심지어 한번 실수한 토끼는 다음부터 방심하지도 않습니다. 저는 바다로 가야 살 수 있는 거북이입니다. 바다는 거북이들이 여유롭게 헤엄칠 수 있고 경쟁하지도 않습니다. 토끼는 당연히 바다로 오지 않고 그들과 경쟁할 필요도 없습니다. 저같이 거북이로 태어난 분들이 열심히 산을 오르느라 진땀 빼는 광경을 계속 봅니다.

진짜 잠재력을 발휘하려면 새로운 바다를 개척하고, 판을 바꾸는 노력이 필요합니다. 거북이에게 그런 에너지가 있냐고요? 지금 끙끙거리며 억지로 산에 올라가는 에너지면 충분합니다. '먹고 살 만큼 돈을 벌게 되었을 때 더 적은 일을 하고 그만큼 벌려면 어떻게 할까, 스트레스 덜 받고 그만큼 벌려면 어떻게 해야 할까' 고민했던 것들이 제가 콘텐츠 마케팅을 하고, 콘텐츠를 판매하도록 이끌었습니다. 김 대표의 사업도 그런 기반으로 성장할 수 있었고요.

육아 맘의 콘텐츠 기반 사업 성공기 #3

김 대표는 〈크몽〉이라는 사이트를 통해서 첫 매출을 일으켰습니다. 크몽은 사업 초기에 매출을 내는데 최적화된 플랫폼입니다. 다양한 콘텐츠 기반 서비스의 판매가 일어나는 곳이라 보면 됩니다. 막 사업 시작하는 분이라도 최소한으로 판매할 수 있는 상품MVP을 기획해서, 상품 소개 페이지를 만들어 크몽에 올렸을 때, 짧은 시간에 매출로 연결되는 것을 보아왔습니다.

특히 크몽에 올린 상품 링크를 부지런히 SNS에 공유하면 그 링크를 클릭했던 잠재고객에게 반복적으로 노출되는 리타깃 광고를 크몽이 해주기 때문에 초기에 광고비를 아낄 수 있는 고마운 공간입니다. 크몽에서 판매량이 많아지니 크몽에 적립금이 쌓였고 그 적립금으로 광고를 처음 해보게 되었습니다. 그런데 문제가 생깁니다. 광고 검토 중 회사가 규정을 어긴 게 나온 것입니다. 크몽 내에서 연락처 정보 교류를 하면 안 되는 데, 연락처를 남긴 게 있었던 것입니다. 크몽은 판매수수료가 수익 모델이기 때문에 크몽 외부에서 결제가 일어나는 것을 원치 않고, 그렇기 때문에 이런 규정이 있었습니다. 구매자 측에서 먼저 달라고 요청해도 정보를 알려주면 안 됩니다. 설령 외부에서 결제가 이뤄지지 않았더라도 규정을 어긴 사실은 변하지 않습니다. 이게 문제가 되어 경고를 받고, 크몽 내 광고도 진행되지 않았습니다. 너무 고마운 플랫폼이지만 독립적으로 영업하지 않으면 불안감은 사라지지 않을 것 같았습니다.

이 사건을 하나의 신호로 받아들이고 미뤘던 홈페이지를 제작하기로 합니다. 그렇게 고객에게 도움되는 콘텐츠를 발행하는 홈페이지를 기획했습니다. 방문객이 홈페이지에 더 오래 머물 수 있는 콘텐츠를 많이 만들어야 합니다. 그래서 홈페이지 글 링크를 외부에 공유해서 영상 제작에 관심 있는 분들의 유입이 많아지도록 했습니다. 아무래도 광고에 의존해서 트래픽을 만들면 홈페이지 들어왔다가 바로 이탈하는 비율이 높겠지요. 이탈율을 50퍼센트대로 줄이고, 고객이 머무는 평균 시간도 3분대로 맞추기 위해 저는 정보성 콘텐츠를 제작했습니다. 이후 홈페이지를 통한 카카오톡 문의가 생기기 시작했습니다. 공통적으로 문의하는 내용으로 FAQ(자주하는 질문) 목록을 만들었고 팀원들 간의 업무 분담이 명확해지기 시작했습니다.

주춤했던 매출이 다시금 올라가는 순간이 왔습니다. 1천만 원 가까이 월 매출이 올라갔지만 이것으로도 안심할 수 있는 상황은 아니었습니다. 대표가 모든 일을 혼자 다 하는 것에 익숙해지면 업무 배분에 큰 어려움을 겪습니다. 직접 하는 게 마음 편해서 직원에게 잘 맡기지 않게 됩니다. 직원은 주도적으로 자기 일을 찾아서 할 수 있는 분위기가 아니기 때문에 눈치를 봅니다.

콘텐츠랩 코리아 홈페이지

- 창업자 자신이 먼저 훌륭한 사람이 되고, 그에 걸맞은 행동을 회사 안팎에서 흐트러짐 없이 유지하는 것
- 시간과 비용이 더 들어도, 직원을 믿고 직원이 시행착오 겪는 것을 기다려주는 것
- 돈이 동기부여가 되는 직원과 비전이 동기부여 되는 직원 사전에 잘 파악하기

저도 잘하지 못한 부분이지만 콘텐츠랩코리아를 비롯해서 제가 자문하는 회사 대표분들께 이런 부분에 대해 강조를 많이 합니다. 위기를 기회로 만들기 위해서는 사람의 힘이 필요합니다. 특히 함께하는 팀원들이 제 역량을 발휘할 수 있는 환경이 만들어져야 위기에서 회사는 살아남을 수 있습니다.

 콘텐츠 해커의 정리!

거북이의 성향을 가진 리더는 자신만의 바다를 개척해야 살아남을 수 있습니다. 온라인 상에 자신만의 콘텐츠를 발행하면서 거대한 바다를 개척할 수 있고 그 안에서 여유롭게 헤엄칠 수 있습니다. 내가 만든 판에서 감정소모를 덜 하면서, 콘텐츠를 잠재고객에게 베푸는 기버로 자리매김할 때 좀 더 여유를 가질 수 있습니다. 그런 여유를 바탕으로 팀원에게 기회를 주고, 기다려 줄 수 있을 때 거북이 성향의 리더가 이끄는 팀은 무서운 저력을 보여주게 됩니다.

콘텐츠랩코리아에서 만든 영상 중에 삼성전자 회장님 책을 홍보하는 영상이 있습니다. 이은덕 대표님을 통해 영상을 전달할 기회가 생겼고 매우 만족스러워하셨다는 메시지를 전달받았습니다. 자연스럽게 아내가 이 사업을 하고 있다는 것이 주변에 알려졌습니다.

어느 날 하루는 이은덕 대표님이 '아들에게 보내는 편지'라며 7줄 글의 카카오톡 메시지를 보내주셨습니다. 그리고 삼성전자 회장님께 만들어 드린 영상처럼 만들어 줄 수 있느냐고 하셨고, 늦은 밤이었지만 정성스럽게 영상을 만들어서 새벽에 보내드렸습니다. 다음날 아침, 너무 마음에 들어 하시면서 선물까지 보내주셨습니다.

그런데 사실 그 영상은 다른 분에게 선물하는 것이었습니다. 그 영상을 선물 받은 분은 의사분이셨는데 마침 그 영상이 마음에 들어서 병원 홍보에 필요한 영상 제작을 1년 단위로 의뢰하셨습니다. 매출 증대를 위해서 1년 단위로 계약하는 영상 패키지 상품을 만들었는데 마침 그 서비스를 이용하신 겁니다.

이후에도 패키지 계약 문의가 늘었고 다 건으로 계약하는 일이 생겼습니다. 3000만 원의 월 매출을 찍기도 했습니다. 김 대표가 재무관리를 꼼꼼히 하고 있는데 장기적으로 투자유치도 고려하기 때문입니다. 업무는 직원 전원 재택근무고 온라인으로 소통하며 업무 배분을 했습니다. 김 대표는 임신 중에 이런 성과를 내었고, 팀원들도 모두 육아를 하면서 수익을 창출했습니다.

육아 맘의 콘텐츠 기반 사업 성공기 #4

이 서비스가 돈을 번다는 것이 재능마켓에서 알려지자 많은 후발주자들이 똑같은 사업모델을 만들었습니다. 돈이 되면 당연히 경쟁자가 생기기 마련입니다. 그런 회사 중 몇몇 회사가 콘텐츠랩의 서비스 소개를 그대로 베껴서 사용하는 일도 있었고 재미나게도 그런 회사 소개 중에는 콘텐츠랩코리아라는 이름까지 복사 붙여넣기한 내용도 있었고, 자신들이 얼마나 창의적으로 영상을 제작하는지 어필한 내용이 이어졌습니다.

콘텐츠랩코리아가 여러 번 시행착오를 거치면서 고객을 잘 설득하는 소개를 만들었고 그것을 여러 사람들이 베껴가는 것은 어떻게 보면 기획력을 인정받은 것이기 때문에 자랑할 만한 꺼리가 되었습니다. 그래서 그런 업체 소개를 모두 캡처 했고, 이렇게 창의적인 일을 하는 업체들조차 그대로 베낄 정도로 기획이 엄청난 곳이라고 역으로 홍보에 활용하기도 했습니다.

현재 핫한 스타트업들의 초기 투자자로 유명한 한 여행사 대표님은 김 대표가 하고 있는 사업에 대해 궁금증을 표현하셨고, 우연히 IR할 수 있는 기회도 생겼습니다. 처음으로 IR 발표 자료를 만들었지만 실적이 있었고 비용을 낭비한 게 없었기 때문에 그런 내용을 깔끔한 디자인에 옮기기만 했습니다. 놀랍게도 IR 발표 후에 이 사업이 잘 될 것 같다고 하시면서 투자 제안을 먼저 해주셨습니다.

아직 내부적으로 다져가는 중이고, 당장 투자금이 필요하지 않은 상황이고, 독점권을 확보하기 위한 협상이 진행되었을 때 투자하는 게 좋을 것 같아서 잠깐 보류되어 있긴 하지만, 먼저 구체적인 투자 제안을 받을 정도로 사업성을 인정받은 부분에 대해서는 팀원 모두가 뿌듯해했습니다.

또한 해외 진출과 해외 업체와의 협상을 위해서 글로벌 브랜딩 회사 스톤의 박상훈 대표님이 멘토로 도와주시기로 해서 계속해서 사업을 키우는데 든든한 지원군이 점점 많아지고 있습니다. 〈김미경 TV〉의 김미경 대표님도 아내의 사업 진행 방식을 주부분들에게 소개하고 싶다고 말씀해주셨습니다. 콘텐츠랩코리아가 먼저 협업이나 제안을 했던 적은 없었지만 꾸준히 영상 콘텐츠와 고객에게 도움되는 포스팅을 지속했던 것을 통해 좋은 기회들이 닿았습니다.

회사가 만든 콘텐츠들이 사람과 사람의 손을 거쳐서 다니다가 결이 맞는 분들에게 닿고, 좋은 제안을 받았던 경우가 많았습니다. 회사를 운영하면서 특히 B2B 사업을 하면서는 영업이 중요한데 그런 부분도 없었습니다. 국가 기관에서 진행하는 나라장터 경매에서도 단독으로 콘텐츠랩코리아를 선정해서 수주를 줄 정도였으니까요. 만약 콘텐츠 마케팅을 염두에 두고 콘텐츠를 발행하지 않았다면 얻을 수 없었던 기회들입니다. 콘텐츠 마케팅은 B2C, B2B를 가리지 않습니다.

경기가 좋든, 좋지 않던 돈을 써야 하는 사람들은 돈을 많이 씁니다. 그 돈들은 어디로 흘러갈까요? 쉽게 쓰지 않을 돈을 어디에 투자할까요? 영업하면서 술 접대하고, 리베이트 주는 곳으로 돈이 흘러갈까요? 그런 결정은 모두에게 위험할 수 있다는 걸 사람들은 이제 잘 압니다.

돈을 투자하면 그만큼 가치를 제대로 하는 곳에 투자하려고 합니다. 그리고 그런 곳을 찾으려고 합니다. 그럴 때 지속해서 고객에게 도움을 주고 있는 콘텐츠를 발행하고 있는 곳은 쉽게 포착됩니다. 심지어 모셔가야 할 정도가 됩니다. 그렇게 하는 곳이 거의 없기 때문입니다.

지금까지 김 대표의 회사가 1년 동안 콘텐츠 마케팅을 통해서 성장했던 과정을 가감 없이 말씀드렸습니다. 그리고 저는 제가 자문하거나 주주로 있는 회사들은 최대한 이런 방향으로 가도록 가이드합니다. 당장 매출을 내는 게 급하고, 광고해서 투자자에게 성과를 보여야 하는 곳에서는 이런 전략을 하찮게 볼 수도 있습니다. 시간이 지나면 지날수록 콘텐츠가 쌓여서 생기는 파괴력을 알아볼 수 있는 사람은 얼마 되지 않습니다. 그리고 지금 이 책을 보는 독자님은 그 파괴력을 아는 몇 안 되는 분이 되셨습니다. 축하합니다.

콘텐츠 해커의 정리!

결이 맞는 사람과 결이 맞는 돈이 먼저 들어온 것은 지속해서 발행한 콘텐츠 덕분이었습니다. 콘텐츠를 한두 건 발행해서 광고하는 것은 그런 힘이 없습니다. 콘텐츠가 정기적으로 만들어졌을 때 진동이 만들어지고 공명이 생깁니다. 단기간에 콘텐츠 만드는 법을 배워서 광고에 써먹는 방식을 콘텐츠 마케팅이라고 생각하면 안 됩니다. 콘텐츠 마케팅은 진정성 있는 에너지를 만드는 행위이고, 그것이 계속 쌓이면서 더 큰 사업 동력을 만들어내는 전략입니다.

육아 맘도 돈 벌게 해주는 역발상 접근

육아를 하면서 사업을 병행하는 것은 상상을 초월하는 일입니다. 저는 운 좋게(?) 육아에 많이 참여할 수 있었기에 실제로 경험하면서 진심으로 그렇게 느끼는 중입니다. 다양한 업력, 환경, 감정 상태에 있는 분들에게 강의하면서 스스로 주의하게 된 게 있는데요. 바로 '나에게 적용했던 최선의 솔루션이 남들에게도 똑같이 최선이 될 거라 판단하는 것을 조심하자'는 것입니다. 상대가 처한 환경 문제, 감정 문제, 성향, 절실함을 배제하고 솔루션만 전달한다고 문제가 해결되지는 않습니다.

특히 육아를 병행하며 사업하는 분들은 처음부터 접근이 완전히 달라야 합니다. 그렇지 않으면, 자신의 특별한 역량을 발휘 못 한 채 차가운 현실의 벽 앞에서 위로 아닌 위로만 받다가 크게 좌절하는 경우가 생기기 때문입니다. 육아에 적극적으로 동참하는 아빠로서, 육아하면서 스타트업을 이끄는 아내를 둔 남편으로서 고민했던 내용을 한번 적어보았는데요. 엄마 사업가는 특별히 '무엇을 더 해야 할까?' 보다는 '무엇을 덜

어내야 할까?'가 더 중요합니다. 그리고 덜어내야 할 것들은 다음과 같습니다.

　먼저 죄책감을 느끼지 않아야 합니다. 엄마의 역할을 맡는 순간부터 가장 위대하고 어려운 일은 시작되었습니다. 사업가의 역할을 더 맡는다고 죄책감을 느낄 필요가 없습니다. 본질에는 엄마라는 역할이 가장 강력하게 작용할 테니까요. 김 대표는 육아를 병행하기 위해 재택으로 가능한 방식으로만 사업 아이템을 수정해갔습니다.

　그러다 보니 일할 때 아들이 옆에서 놀고 있는 경우가 많을 수밖에 없었습니다. 김 대표는 아들 곁에서 같이 놀지 못하고 컴퓨터 앞에 앉아 있는 것에 죄책감을 가졌습니다(다른 시간에 많이 놀아주면서도 말이지요). 아들과 놀 때는 일할 것을 생각하면서 또 스트레스가 쌓이게 됩니다. 그러면 집중은 안 되고 죄책감만 증폭되는 악순환이 반복됩니다.

　우리는 쉽게 죄책감을 만들 수 있습니다. 그리고 그것은 본인 잘못이 아닙니다. 좋은 엄마는 이래야 하고, 저래야 한다고 전해들은 이야기가 자신의 무의식을 지배하고 있기 때문입니다. 죄책감으로 자신을 괴롭히는 엄마는 아이에게 또 다른 죄책감을 물려주기 쉽습니다. 자신이 죄책감에 시달리는 것을 인지했다면 이번 기회에 죄책감의 근원을 발견해서 의심해보고, 죄책감을 내려놓는 연습을 해보세요. 육아하면서 사업하는 환경은 마침 그런 연습을 위한 최적의 조건이 됩니다. 마침 제가 활동하는 순간 랩에서는 이런 무의식적인 부분을 다루면서 돈 버는 법을 연구하고 있습니다.

다음으로 '대단한 것 하지 않기'입니다. 육아하면서 대단한 사업을 하면 안 된다 말하는 게 아닙니다. 사업을 시작하는 엄마 마음에는 조급함이 존재합니다. 오랫동안 미뤄왔다가 시작했다는 압박감, 나만 뒤처진 것은 아닐까 하는 불안감이 있습니다. 육아 비중을 조절하면서까지 사업하는 것이기 때문에 주변에 좀 더 그럴듯한 명분으로 보일 성과를 갈급하게 됩니다. 하지만 이런 마음이야 말로 사업을 더디게 만들고, 더 깊은 우울의 바닥으로 끌어내리는 요인입니다.

아가도 걷기 전까지 기었습니다. 기기 전에 배밀이를 했습니다. 배밀이 전에는 누워서 바둥거렸습니다. 모든 과정은 꽤 시간이 걸렸지만, 그 자체로 위대한 스몰 스텝이었습니다.

처음부터 걷도록 양육하는 부모는 아무도 없겠지요? 갓난아기는 누워있지만 자신이 걸을 것을 알기에 급하지 않습니다. 지금 할 수 있는 것들에 충실하면서 커갑니다. 사업하는 엄마도 마찬가지입니다. 조급함과 욕심이 나는 게 당연합니다. 엄마는 아가가 아니니까요. 다만 그 조급함을 만들어낸 주체는 한번 의심해 볼 필요가 있습니다(그 주체 중 하나를 다음 단락에서 더 자세히 다룹니다). 자신을 불안하게 하는 주체를 한번 검증해보세요. 나에게 주입된 기준이 진짜로 나를 행복한 기분이 들게 하는지 판단해보세요. 만약 그 기준이 불행한 느낌으로 계속 이끈다면 그 기준과 그에 따른 조급함은 버려도 되는 것들입니다. 그리고 조급함 없이 쉽게 내디딜 만한 작은 스텝부터 찾고 내딛으세요.

세 번째, 언론과 미디어 노출 끊기입니다. 종이 신문을 매일 보고 배경음으로 뉴스를 틀어놓는 게 지성인의 자세라고 부모님께 배웠습니다. 어렸을 적에는 정말 그런 줄 믿었습니다. 하지만 그게 얼마나 스스로를 괴롭히는 행위인지 느끼고 나서 10년 넘게 TV 채널 없이 살고 있고 돈을 더 써도 원하는 프로그램만 광고 없이 봅니다. 어쩌다가 뉴스를 보면, 두통이 생길 정도입니다.

사회 문제에 관심 가져야 하는 것 아니냐고요? 맞습니다. 제대로 관심 가지기 위해서 선별해서 비판적으로 찾아보고 듣습니다. 우리는 수동적으로 언론에 노출되는 것을 끊고, 비판 없이 사건·사고를 받아들이는 행위를 경계해야 합니다. 무의식적으로 계속해서 에너지를 소모하기 때문입니다. 엄마는 자신의 환경을 스스로 결정하는 연습이 필요합니다. 억지 관성으로 이어가는 것을 끊어내세요. 육아를 병행하면서 사업 하다 보면, 극도로 예민해지는 상황에 자주 놓입니다. 그때 폭발하지 않기 위해 평소에 에너지 낭비를 줄여야 합니다. 이렇게라도 에너지 소모를 줄여야 나중에 감정적 치명상을 덜 입습니다.

네 번째, 모든 것을 혼자 하려고 하지 않아야 합니다. 사업하면서 육아까지 더 악착같이 스스로 해결하고 싶은 욕심이 들 때가 있습니다. 이 역시 엄청난 감정 소모를 만들고 육아를 병행해보면 금방 녹다운이 됩니다. 지친 상황에서 말로 서운함을 표현하면 감정이 증폭되어서 싸움으로 번지기 쉽습니다. 이왕이면 편지나 포스트잇을 사용해서 부부가 서로의 상황을 설명하는 게 좋습니다.

바쁘다면 청소도우미 도움을 받는 것도 좋은 방법입니다. '그 돈 쓸 만큼 버는 것도 아닌데 돈 써도 될까?'라는 죄책감은 버리세요. 사업가는 돈을 잘 써야 합니다. 돈을 잘 쓴다는 것은 막 쓴다는 이야기가 아닙니다. 가치 있게 쓸 줄 알아야 한다는 말입니다.

내가 쓴 돈이 10배, 100배의 가치로 돌아올 거라는 믿음이 있으면 과감히 쓰는 게 맞습니다. 1주일에 한 번 청소도우미 지원을 받는 데 쓰는 비용은 분명 그 이상으로 돌아옵니다. 그 돈을 아끼느라 집안일도 다하고 육아도 직접 다 챙긴다면, 사업 진행의 우선순위는 항상 마지막이 됩니다. 그러면 또 스스로 괴롭히고 죄책감을 쌓습니다. 매일 이렇게 보내는 시간은 돈으로 환산할 수 없는 낭비입니다. 번 돈을 써서 프리랜서를 고용하더라도 혼자 하지 말고 누군가와 일을 분담해서 사업을 진행해보는 연습을 계속하세요. 육아를 병행하는 사업가에게 돈을 아끼는 것보다 중요한 것은 에너지와 체력 관리를 하면서 이 사업을 지속하는 법을 터득하는 것이고, 자신에게 더 편하게 아이템을 리모델링할 기회를 만드는 것입니다.

다섯 번째, 아이와 계속 같이 있지 말기(혼자 있기)입니다. '집에서 애만 보고 있는 게 그게 뭐가 힘들다고? 어차피 애는 스마트폰 보고 놀고,

어린이집도 갔다 오는데.'

온종일 아이를 혼자 자주 돌본 아빠라면 이런 말을 절대로 하지 않을 텐데요. 아이에게 있는 선택권이 엄마에게는 없는 경우가 대부분입니다. 보고 싶은 프로그램, 머물고 싶은 공간에 대한 자유도가 엄마에게는 없습니다. 이런 일을 매일 겪으면 당연히 우울증이 생기고 공황장애도 옵니다. 아이가 커가는 시간을 함께하는 게 너무나 감사한데, 그 시간 동안 자신은 죽어가는 듯한 무력감이 동시에 들 때 생기는 혼란과 죄책감을 매일 겪으면서 사업 진행이 과연 잘 될까요?

아이가 어린이집에 가 있는 시간 외에도 엄마가 혼자 좋아하는 것을 누리는 시간은 반드시 확보해야 합니다. 제 아내의 경우는 영화 〈마블〉을 정말 좋아합니다(둘째 태명도 마블입니다). 그래서 마블 영화가 개봉하면, 제가 아기를 보고 있고 아내가 혼자 영화를 볼 수 있도록 표를 끊어 놓습니다. 또 좋은 동료를 만날 수 있는 강의를 추천하거나 멘토가 될 만한 분을 소개해줍니다. 그 시간에 당연히 저는 집에서 육아를 합니다. 그 시간을 잘 즐기는 법도 터득했고요. 이것은 저를 희생하는 것이 아니라 가족 전체가 행복해지기 위해서 당연히 가져야 할 시간이라고 생각합니다.

사업하는 엄마라면 혼자만을 위해 누리는 시간을 의식적으로 가지시고, 그래야만 한다고 주변에 요청하세요. '저자 분이 특별한 상황이니까 그렇게 할 수 있는 거잖아요.'라고 생각하는 분도 계실 겁니다. 맞습니다. 당연히 그렇게 말할 수 있는 상황입니다.

게으르지만 콘텐츠로 돈은 잘 법니다

하지만 저는 사업 시작 때부터 가족과 행복한 시간을 보내기 위해서 지금처럼 출·퇴근이 필요 없는 사업방식만 유지했고, 이를 더 잘하기 위해 계속 많은 공부와 시행착오를 경험했습니다. 이렇게까지 하면서 육아에 동참하고 싶었기 때문에, 지금의 상황을 만들 수 있었습니다. 처음부터 상황이 좋아서 육아에 동참한 게 아닙니다. 저는 오랜 시간 스몰 스텝을 밟아 온 사람이고 밟아갈 것입니다.

아내와 사업을 키워가는 중에 생각한 것을 바탕으로 적다 보니 엄마 입장에서 썼지만 육아에 동참하면서 사업하는 아빠에게도 당연히 해당되는 내용입니다. '육아를 병행하면서 사업하는 것은 불가능하다'고 말하는 분들이 많지만, 그런데도 누군가는 위대하게 그 일을 해내고 있습니다.

 콘텐츠 해커의 정리!

육아를 하면서 사업을 해나가는 것은 정말 어렵지만 위대한 일입니다. 이미 위대한 선택을 하셨기 때문에 작은 몇몇 가지들은 내려놓거나 우선순위를 뒤로 밀어도 괜찮습니다. 오로지 내 감정이 더 잘 관리되고, 더 행복한 상태를 유지하게 하는 선택을 하면서 사업하세요. 이기적인 것과는 다릅니다. 남에게 피해를 주지 않으면서도 내 기분을 더 좋게 만들기 위한 선택을 충분히 할 수 있기 때문입니다. 부모가 좋은 기분과 감정 상태를 유지하는 게 자녀에게도 훨씬 좋은 에너지를 전달합니다.

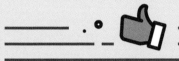

PART 6

앞으로도 게으르고 싶다면
절대 잊지 말아야할
마인드셋

인생의 의미를 찾고 싶다면 이렇게 질문을 바꿔보세요

〈드래곤 길들이기〉 영화에 나오는 주인공 히컵은 바이킹 두목의 아들입니다. 바이킹의 주업은 드래곤을 죽이는 일입니다. 하지만 히컵은 그 방면으로 전혀 소질이 없다 보니 모든 바이킹이 히컵을 무시하고 아버지도 그런 아들을 한심하게 생각합니다. 히컵은 자책하는 나날을 보냅니다. 그러다 히컵은 가장 무섭다고 알려진 드래곤 한 마리를 우연히 생포합니다. 그리고 힘이 빠져있는 드래곤 앞에서 칼을 치켜듭니다. 이제 칼 질 몇 번이면 히컵은 마을 전체에서 영웅이 될 상황입니다. 히컵은 드래곤을 그대로 죽였을까요?

히컵은 드래곤을 살려줍니다. 경계를 놓지 않는 드래곤과 시간을 두며 가까워지고, 결국에 자유자재로 드래곤을 조종하더니 악당들을 물리치는 진짜 바이킹 두목이 됩니다.

게으르지만 콘텐츠로 돈은 잘 법니다

책에서 답을 찾으려는 시도

'나는 도대체 왜 태어난 것일까? 내가 잘하는 것은 과연 무엇일까? 남들은 뭐든 잘하는 것 같은데 나는 왜 이것밖에 못할까? 도대체 내 인생의 의미는 뭘까?'

저는 이런 고민하는 분들을 많이 만났습니다. 그리고 그런 고민은 제가 과거에 고민했던 것들과 다르지 않았습니다. 과거의 제가 그랬듯이 그분들도 책에서 열심히 답을 찾고 계셨습니다. 저도 제 인생의 의미를 책을 열심히 읽으면 찾을 거라 맹신했던 적이 있습니다.

그리고 그런 생각이 얼마나 나 자신을 움츠러들게 하는지 오랜 시행착오 끝에 느끼게 되었습니다. 책 안에 정답이 있을 것 같고 금방 성공할 것 같았습니다. 하지만 그런 일은 벌어지지 않았습니다. 오히려 좌절하는 일만 생겼습니다.

'왜 이 사람은 되고, 나는 안 되는 걸까?'

이런 불만이 쌓이고 자신감만 잃었습니다. 저자 강연을 찾아다니며 에너지를 느끼고, 강의를 들어봤지만 몇 년이 지나도 달라지지 않는 제 모습을 보면서 불편한 마음은 점점 커졌습니다. 우연히 한 저자 분과 인연이 되어 곁에서 오래 지켜볼 기회가 생겼습니다. 그리고 200페이지 남짓한 책에서 인생의 답을 찾으려고 했던 게 얼마나 오만한 생각인지 알게 되었습니다. 책에 나온 한 문장 한 문장을 위해서 1달, 1년을 투자한 것이라는 것을 눈으로 확인했기 때문입니다. 한 줄 한 줄 짙은 농도의 문장이었는데, 과거에 내가 살아온 관점 안에서 그런 문장을 대충 알겠다고 넘기고 좁은 관점 안에서 바라본 정도의 노력으로 답을 찾으니 성과가 나올 리 없었습니다.

질문이 잘못 되었음을 깨닫기

〈대화의 희열〉이라는 프로그램에서 '내 인생의 의미는 무엇일까?'라는 고민을 다룬 적이 있습니다. 젊은 사람들이 이런 고민을 많이 하지만 답을 찾지 못해 고통받는다는 이야기가 나왔습니다. 놀랍게도 이 이야기를 들은 독일인 게스트, 다니엘이 이런 말을 했습니다.

"그 질문이 조금 잘못된 것 같아요."

그런 질문은 인생에 답이 정해져 있음을 가정한 질문이라는 것입니다. 애초에 정답이 정해질 수 없는 건데 정답을 찾는 질문만 하고 있으니 답은 찾아지지 않고, 젊은이들의 좌절감만 늘어날 뿐이었던 것입니다.

〈드래곤 길들이기〉에서도 히컵은 바이킹 두목의 아들로 태어나 인생의 답이 정해져 있다 믿었고, 마을 사람들 각자도 자신의 운명은 정해져 있다 생각하고 살았습니다. 그래서 모든 바이킹은 '어떻게 하면 드래곤을 더 잘 죽일 수 있을까?'만 고민했고, 이 고민에 대한 결과로 몰려드는 드래곤을 죽이는 전투만 반복됐던 것이지요. 저를 비롯해서 많은 청춘이 잘못된 질문에 갇혀서 끊임없이 자신을 괴롭히고, 타인과 마찰을 일으키는 고통 속에 있는 것을 당연하게 여겼던 것처럼 말이지요.

'드래곤을 죽이기 싫다'는 마음의 소리에 귀 기울인 히컵은 자신에게 하는 질문을 바꾸기 시작했습니다. 오랜 노력을 거친 뒤 '드래곤을 죽이

게으르지만 콘텐츠로 돈은 잘 법니다

지 않고 상생하는 방법은 없을까?'라는 새로운 질문을 선택하고 그에 대한 해답을 찾기 시작합니다.

물론 오랜 시간이 걸리고, 주변의 오해도 받았지만 마음이 거부하는 일을 답이라고 억지로 속이면서 하던 드래곤과 싸우던 일보다 즐거운 일이었습니다. 그리고 마침내 가장 무섭다는 드래곤을 길들이고, 다른 바이킹에게도 방법을 전수해서 바이킹과 드래곤이 서로 상생할 수 있는 마을을 새롭게 만들어 냅니다.

책을 보는 관점의 변화

제가 만난 분 중에 책을 직접 쓰신 분은 두 부류로 나뉩니다. 책을 무지 많이 읽는 분과 필요한 만큼만 적당히 책을 읽은 분입니다. 보통 책을 많이 읽은 분이 책을 더 많이 썼을 거라고 생각합니다. 놀랍게도 책을 많이 읽은 분일수록 자신이 읽었던 책을 뛰어넘어야 한다는 강박 때문에 책을 더 내지 못하는 생각의 감옥에 갇혀 있었습니다.

현장 경험을 하면서 필요한 부분만 책을 읽은 분들이 현장에서 바로 적용해보고, 적용한 것을 바탕으로 성과를 내고 그런 성과를 바탕으로 자신감 있게 책 쓰는 모습을 더 많이 보았습니다.

과거의 저를 비롯한 많은 분들에게 책은 바닷물 같은 존재라 생각됩니다. 읽을 때는 갈증이 해소되는 느낌이 있지만, 갈증은 더 심해지기 때문입니다. 책 자체가 문제라는 게 절대 아닙니다. 제가 책을 바라보는 시선이 잘 못 되었던 것입니다. '책은 내 인생에 정답을 알려줄 거야'

라는 환상을 가지고 있었고, 모든 사람들이 다 책에서 답을 잘 찾고 있는 것처럼 보였습니다. 그래서 '내 인생의 의미는 무엇인가?'에 대한 정답을 책에서 구할 수 있다고 철썩 같이 믿었습니다. 저는 책을 잘못 사용하고 있었던 것입니다. 책에 의존하고, 그래서 책에게 상처 받고, 다시 새로운 책을 찾아 나서는 것을 반복했었습니다.

〈드래곤 길들이기〉의 바이킹들이 드래곤을 더 잘 죽이는 방법만 연구하면서 끊임없이 전쟁하고 소중한 사람들을 계속 잃고 더 나은 무기를 연구하는 것처럼 말이지요.

이제 질문을 바꿔야 합니다. 〈대화의 희열〉에서는 '내 인생의 의미, 정답은 무엇일까?'라는 질문을 '내 인생을 앞으로 어떤 의미들로 채워 가볼까?'라는 질문으로 바꿔보자고 말합니다. 앞의 질문은 답이 하나로 정해져 있다는 느낌이 듭니다. 책을 봐도 사람을 만나도 그 메시지가 정답인지 아닌지만 고민하게 만드는 질문입니다. 더 이상 늦게 답을 찾으면 안 된다는 생각 때문에 작은 부분만 보고 판단하고, 금방 정답이라고 믿기도 합니다. '내 인생을 앞으로 어떤 의미들로 채워갈까?'라는 질문은 열린 답을 찾게 됩니다. 하나의 답만 좇는 질문이 아닙니다. 이렇게 질문을 바꾸면 많은 게 변합니다. 예를 들어, 책을 읽더라도 그 안에서 정답을 찾으려고 애쓰지 않습니다. 저도 하루에 2~3권씩 읽으면서 책이라는 바닷물을 들이켰고, 시간차를 두고 반복해서 밀려오는 갈증에 항상 아파했습니다.

하지만 지금은 한 달에 한 두 권 정도를 대충 읽습니다. 그리고 그 안

게으르지만 콘텐츠로 돈은 잘 법니다

에서 의미 있는 콘텐츠가 될 만한 힌트들을 빠르게 메모한 다음 그것을 가지고 사색합니다. 그 결과물로 저는 콘텐츠를 다작하고 있습니다. 정답을 빨리 찾겠다고 책을 들이 마시던 것을 멈추고, 책 한 챕터를 보더라도 나만의 콘텐츠를 위한 영감을 얻는 데 집중하고, 일상에서 사색하는 힌트로 활용합니다. 책과 일상과 사색이 버무려진 콘텐츠가 하나씩 채워지면서 저만의 색깔을 인정받기 시작했습니다. 책을 이런 식으로 활용해서 콘텐츠를 발행하고 돈을 벌게 되는 것도 즐거운 일이지만 일상에 소소한 의미를 채워가는 도구로 사용할 수 있어서 더 큰 즐거움이 존재합니다. 모두 질문을 바꾸었기에 가능한 일입니다. 독자님은 지금 어떤 질문을 하고 계신가요?

 콘텐츠 해커의 정리!

세상에 정답은 없습니다. 나만을 위해 정답을 정리해 둔 책이나 강의도 없습니다. 지금 독자님이 살고 있는 일상, 그 일상 자체가 정답입니다. 그 일상에 의미를 부여하는 것은 본인의 몫입니다. 그 의미를 다양하게 부여하기 위해서 책에서 힌트를 얻을 수 있고 사색을 거치고 나만의 콘텐츠가 세상에 나오면서 스스로 인생의 답을 다양하게 채워가는 삶을 누리게 됩니다. 꼭 기억하세요. 콘텐츠를 만든다는 것은 편하게 돈벌이를 하기 위한 수단, 그 이상입니다. 내 인생에 가치 있는 답을 스스로 채워가는 방법입니다.

콘텐츠로 게으르게 돈 버는 고수가 모은 6개의 인피니티 스톤

"대표님 강의 내용을 누가 그대로 따라 하던데요?"

제 강의 콘텐츠를 응용해서 힘든 상황을 벗어나라고 교육생에게 말하던 적이 있었습니다. 그게 얼마나 무책임한 가이드였는지 얼마 지나지 않아 알게 되었습니다. 당연히 각자 준비하는 사업에 맞춰 응용하라는 의미로 전달되었을 거로 생각했는데 강의와 자료를 통째로 베껴서 자기 것처럼 제공하고 돈을 버는 일이 발생했기 때문입니다.

물론 그들은 오래가지 못했습니다. 〈마블〉 영화에 등장하는 타노스가 '핑거스냅' 한방으로 우주를 위협할 수 있었던 것은 그가 단지 건틀렛을 가졌기 때문만은 아니었습니다. 필요한 스톤을 모으는 데 오랜 시간 공들였고, 그 과정에서 건틀렛을 사용했을 때의 충격을 견뎌낼 정신과 신체를 갖췄기 때문입니다. 운 좋게 건틀렛만 훔쳐가서 사용한다고 해도 스스로의 목숨을 위협하게 됩니다.

무명작가 분의 마케팅을 도와서 첫 번째 책이 엄청난 베스트셀러가

게으르지만 콘텐츠로 돈은 잘 법니다

되었고, 글 하나로 여행상품 수억 원 치 판매하는 것을 도왔습니다. 광고비 없이 멜론 차트에 음원 순위가 올라가고, 처음 써본 사업계획서로 5300만 원 지원금을 받고, 추가로 7000만 원을 받았습니다. 부업으로 월 매출 1000만 원을 돌파하는 고마진 비즈니스 모델을 설계해주고, 홈페이지와 세일즈 자동화 시스템 구축으로 2달 만에 5000만 원 수익을 내게 해 드리기도 했습니다. 대부분 인력이 거의 들지 않는 자동화된 방식입니다. 이런 제 노하우를 듣기 위해 제 강의에 계속 많은 분들이 오십니다. 사실 핵심만 요약해서 6시간이면 말할 수 있는 정도로 간단한 내용입니다.

하지만 그 방식을 그대로 따라 한다고 성과가 보장되지 않습니다. 왜 그럴까요? 건틀렛을 사용하는 방법은 손가락을 한 번 튕기면 될 정도로 간단합니다. 하지만 그 한번을 위해 스톤을 모으는 과정은 절대 간단하지 않기 때문입니다. 그리고 그 과정의 중요성을 무시한 채 함부로 손가락을 튕기면 치명상을 입습니다.

엄청난 내공을 자랑하는 유튜버가 돈 벌 수 있는 내용을 무료로 공개하고 구독자를 모으고 수익 창출하는 모습을 보면서 사람들은 부러워합니다. 사실 간단한 핑거스냅처럼 보이지만 그동안 스톤을 모으면서 시행착오를 여러 번 겪었고 자신에게 특화된 건틀렛을 장착한 사람이기 때문에 나올 수 있는 성과입니다. 독자님들 중에도 나만의 건틀렛을 만들어서 핑거스냅을 하고 싶은 분 계실 텐데요. 이번 챕터에서는 어떤 스톤을 모아서 어떻게 활용해야 할지 콘텐츠 관점에서 정리해봤습니다.

첫 번째는 '리얼리티 스톤'입니다. 공부만 잘하면 훌륭한 사람이 될 수 있다는 환상, 공부만 열심히 하면 돈을 많이 벌 수 있다는 환상, 뉴스와 언론은 진실만 말한다는 환상을 깨뜨릴 수 있는 리얼리티 스톤이 필요합니다. 놀랍게도 그런 환상은 내가 속한 가정과 학창 시절을 관통하며 무의식에 내재하여 있습니다. 어긋남 없이 잘 작동하는 것처럼 보이는 환상의 조각들은 정작 내가 위기를 겪는 순간에 여지없이 나를 외면합니다. 이런 식으로 현실이 여러 번 잘게 부서지는 경험을 하고 나서야 이게 현실이 아닐 수도 있겠다는 생각을 겨우 할까 말까입니다. 어긋난 환상 속에 억지로 나를 끼워 맞추다 보니 실제 내 모습은 무참히 어그러져 있었습니다. 기득권이 만든 환상 속에 안주하면서 나약한 인간으로 길들여져 간다는 사실을 뼈저리게 깨달을 때, 리얼리티 스톤은 모습을 드러냅니다.

현실을 제대로 감당할 준비가 100퍼센트 된 사람은 없습니다. 그렇기 때문에 한시라도 빨리 환상에서 벗어나 한계를 뼈저리게 인식하고 그와 동시에 숨겨진 잠재력을 발견하는 기회를 잡을 필요가 있습니다. 리얼리티 스톤을 발견한 자는 세상의 기준에 의해 부여받은 약점 때문에 얻게 된 두려움을 버리고, 잠재력을 극대화해서 콘텐츠를 현실에 만들어내면서 돈을 벌 수 있는 자신감을 가지게 됩니다.

두 번째로 '소울 스톤'입니다. 콘텐츠에 진정성을 담아야 돈이 됩니다. 세일즈 할 때 진정성이 있으면 고객들이 느낍니다. 그렇다면 진정성을 담는 것은 어떤 의미일까요? 저는 진정성을 담기 위해 노력하고 애를 더 쓰는 게 당연하다고 믿었던 사람입니다. 그런 방법을 배우기 위해 무리한 비용을 쓰고, 컨설팅을 받았습니다. 심지어 연기 수업과 보컬 수업도 받았습니다. 좀 더 진정성 있다고 비치기 위해 몸에 맞지 않는 제스처를 하고 불편한 옷을 기꺼이 껴입었습니다. 원래 내 모습은 진정성이 부족하니, 더 많이 꾸며서 나를 숨기는 게 진정성(소울)을 전달하는데 유리하다고 착각했습니다.

하지만 이렇게 꾸미는 식으로 장기간 콘텐츠를 쌓을 수 없다는 것을 깨달았습니다. 에너지 낭비가 너무 심했기 때문입니다. 실제 나라고 착각하고 소중히 여겼던 에고를 죽일 때, 숨기고 있던 진짜 내 영혼이 드러나는 것을 깨달으면서 우리는 소울스톤을 손에 넣게 됩니다.

저는 엉금엉금 기는 아들과 똑같이 행동하고, 말이 안 되는 소리를 내고, 바닥에서 뒹굴면서 아들과 진심으로 소통하는 시간을 매일 가졌습니다. 그러면 그럴수록 제가 과거에 얼마나 꾸미고 살고 있었는지 더 인지하게 되었습니다. 또한 외면의 포장을 벗겨내기 위해 감정의 깊은 곳을 들여다보는 순간랩 프로그램 **soonganlab.com**을 함께하면서 한결 더 가벼워지고 진짜 나를 드러내는 용기를 얻게 되었습니다.

이제 저는 진정성 있어 보이기 위해 꾸미지 않습니다. 있는 그대로 솔직하게 사람을 대합니다. 내가 연기하던 모습을 버리고, 부족한 부분까지 드러내는 용기를 가진 사람은 소울 스톤을 손에 쥐게 됩니다.

세 번째로 스페이스 스톤입니다. "힘든 사람들을 도와줘야지." "약자를 배려해야지." "착한 일을 하면 복을 받는단다." 이 말에 전적으로 동의합니다. 단, 힘든 사람, 약자, 착한 일에 대한 정의만 명확히 내린다면 말이지요. 누가 봐도 자신이 도움을 받아야 하는 상황인데 남을 먼저 돕겠다는 사람을 종종 만납니다. 이분들은 영웅이고 존경받아 마땅합니다.

하지만 안타깝게도 자신이 영웅이라 착각하는 사람들도 정말 많습니다. 자신의 상황을 객관적으로 파악 못 하고, 영웅 놀이에 빠져 남을 도와주려다 같이 파멸의 길을 선택하는 사람들입니다. 남을 돕겠다고, 동물을 돕겠다고 후원을 받고, 정작 자신의 사리사욕에 탐진하는 일그러진 영웅들이 곳곳에서 등장합니다. 남을 돕고, 선한 영향력을 미치고 싶다면 내가 어느 공간에 위치하는지 객관적으로 아는 게 먼저입니다. 나를 희생하면서 도울 수 있는 입장인지, 아니면 배우고 성장부터 해야 하는 입장인지 제대로 파악할 때, 스페이스 스톤을 손에 넣을 수 있습니다.

나를 응원하는 사람들, 긍정적인 사람들이 있는 공간에서 위로도 받고, 약한 모습도 기꺼이 드러내는 용기가 있을 때, 내가 도움을 줄 수 있는 공간에서도 건강한 힘을 발휘하게 됩니다. 자기 계발, 마케팅, 행복 강사들이 정작 자신의 자기 계발과 마케팅과 행복은 케어하지 못하는 경우를 종종 봅니다. 도움을 주고 영웅이 될 수 있는 공간만 찾고, 자신이 도움을 받을 공간을 찾지 못하고 손 내밀지 못해서 생기는 문제입니다. 내가 어느 입장에 서야 군건하게 버틸 수 있는지 아는 사람, 내가 어느 공간에 위치해야 원원할 수 있는지 아는 사람만이 스페이스 스톤을 손에 넣습니다.

네 번째로 파워 스톤입니다. 콘텐츠를 아무리 잘 만들고 꾸준히 만들어도 잠재고객에게 전달되지 않으면 돈으로 전환되지 않습니다. 물론 아주 오랜 시간 정기적으로 좋은 콘텐츠를 만들다 보면 입소문을 통해서 알려지는 경우도 있지만, 콘텐츠를 만들기 시작할 때부터 내가 통제할 수 있는 채널 한두 개는 키워가는 전략을 세워야 합니다. 그러므로 콘텐츠를 만들 때 기획이 중요합니다. 예를 들어 시리즈물을 기획하면, 그 기획물 덕분에 잠재고객이 채널을 구독할 확률이 늘어납니다. 또 내가 키워야 하는 채널에 어울리게 콘텐츠를 변형해서 업로드하는 것도 좋은 전략입니다. 예를 들어 유튜브에 가로 영상을 올렸으면 정사각형으로 편집을 해서 인스타그램에 올리는 겁니다. 제일 좋은 것은 그 시기에 가장 핫 한 채널에 올라타는 것입니다.

저는 2016년부터 주변 분들에게 무조건 유튜브 콘텐츠를 만들라고 말씀드렸습니다. 좋은 콘텐츠를 만들면, 유튜브가 알아서 추천도 해주고 크리에이터 교육도 시켜주기 때문에 파도에 올라타는 효과가 있습니다. 그렇게 시작해서 10만 명, 100만 명 되는 채널을 보유한 지인 분들도 계십니다.

콘텐츠로 돈 벌고 싶어 하는 분들의 성향 상, 자신이 통제할 수 있는 채널과 파워 있는 채널을 가지는 것은 필수 목표입니다. 파워 있는 채널을 가지고 있어야 하기 싫은 일은 안하고 광고비를 쓰지 않아도 돈을 벌 수 있는 기회가 늘기 때문입니다. 이 과정이 사람들에게 파워 스톤을 쥐어줍니다.

다섯 번째로 마인드 스톤입니다. 저는 자주 어리석은 선택을 하고 사지 않아도 되는 물건을 사는 경우가 많았습니다. 그럴 때면 역으로 내가 왜 그런 선택을 했고 어떻게 설득되었나 되돌아보곤 했습니다. 그러다 영업사원으로 일하게 되면서 더 깊이 호기심을 가지고 이런 부분을 공부했습니다. 처음에는 내 마음의 문제를 알아보고, 행동 메커니즘을 알기 위해서 시작했는데 점점 상대를 어떻게 설득할 수 있는지에 대한 공부로 발전했습니다.

그러다가 최면 수업을 들으러 다니기도 하고, 유명 세일즈 페이지를 분석해보고, 연속적으로 세일을 유도하면서 큰돈을 버는 온라인 서비스들을 다 구매해보면서 고객들의 구매 여정을 파악하는 연구도 계속했습니다. 하지만 상상 이상의 시간과 돈을 들여서 제가 했던 공부는 저를 위험하게 변화시켰습니다. 바로 고객의 행동을 예측하고 조종할 수 있다는 오만하고 위험한 자신감을 가지게 된 것입니다. 이런 연구 내용을 비싼 가격에 전수하려는 사람들이 많다는 것도 알게 되었습니다.

하지만 그들은 얼마 가지 않아 제 꾀에 넘어가 무너졌습니다. 자신의 감정을 잘 돌아보는 기본적인 수련조차 안 되어 있는 상황에서 남을 조종하려는 의도를 조금이라도 가지면 반드시 탈이 난다는 것을 여러 번 확인했습니다. 내 마음을 먼저 바라볼 줄 알고, 상대의 문제점에 깊이 공감할 줄 알되 내 중심을 빼앗기지 않고, 상대가 언어로 표출하지 못하는 무의식적 행동 패턴을 분석해서 질문하고 맞춤 솔루션을 제공할 때, 거부감 없이 그들의 마음을 움직일 수 있습니다. 그제야 마인드 스톤은 그 모습을 드러냅니다.

여섯 번째, 타임 스톤입니다. "1초도 돈으로 살 수 없다." 이 말은 시간이 중요하다는 해석만으로는 부족합니다. 시간을 아낄 수 있다면 모든 자원을 다 쏟아부을 가치가 있다는 말로 저는 해석합니다. 회사를 열심히 다니다가 이 길이 아닌가 싶어 창업을 선택하는 사람들은 2가지 형태로 구분됩니다. 과거에 썼던 돈이 아까워서 돈을 아끼기만 하고 쓰는 방법을 공부하지 않는 타입이 그 첫 번째입니다. 그들은 돈을 아끼는 데만 집중한 나머지 시간을 낭비하면서 현재를 소진합니다. 안타깝게도 그분들이 맞이하는 미래는 시간도 없고, 돈도 없는 미래입니다.

과거에 썼던 시간이 아까워서 시간을 아끼기 위해 나머지 자원을 활용하는 타입이 두 번째입니다. 물론 저는 두 번째 타입이었습니다. 오해가 없길 바랍니다. 돈이 아깝지 않은 것도 아니고, 돈이 많은 것도 아니지만, 시간을 제일 아까워하기 때문에 이런 선택을 합니다. 그래서 시간을 앞질러간 스승에게 배울 수 있다면 모든 자원을 총동원해서 배우는 선택을 합니다. 대단한 콘텐츠 한방을 터뜨리기 위해 시간을 보내지 않습니다. 부족한 콘텐츠라도 매일 꾸준히 업그레이드하면서 오랜 시간 노출하다 보면 그게 쌓여서 한방이 터진다는 것을 압니다. 이 과정을 알고 장기간 정기적으로 콘텐츠를 만드는 사람만이 타임 스톤을 손에 쥐게 됩니다.

이렇게 6가지 스톤을 모은 고수들이 스톤의 모든 힘을 모아 핑거스냅을 쓰면서 쉽게 돈 벌고, 쉽게 마케팅하며 쉽게 성과를 내는 것처럼 보입니다. 하지만 놀랍게도 고수들은 핑거스냅을 함부로 사용하지 않습니다. 몸이 망가질 수도 있고, 쌓아온 콘텐츠의 명성에 누를 끼칠 수도 있기 때문입니다. 이들은 어렵게 모은 6개의 스톤을 필요할 때만 한두 개 조합해서 쓸 뿐입니다.

핑거스냅 한방으로 더 크게 벌 수 있는 것을 왜 안하냐는 사람들, 욕심 좀 부려라는 사람들에게 들려주고 싶은 이야기입니다. 6개의 스톤을 힘들게 모았어도 어설픈 건틀렛과 어설픈 체력으로 핑거스냅을 남발하다가 목이 날아가고, 팔이 날아가는 사람들은 많습니다.

건틀렛을 사용하기 전까지의 타노스는 우주 최대의 위기지만, 사용한 뒤에는 유약하기 짝이 없지요. 스톤을 모으면서 핑거스냅을 남발하지 않고, 균형 있게 사용해서 돈 버는 분들이 더 많아지길 바랍니다.

 콘텐츠 해커의 정리!

한방에 성공한 고수들은 없습니다. 스톤 하나하나를 모아서 얻은 성공입니다. 독자님은 어떤 스톤을 갖고 있고 또 어떤 스톤을 찾고 있나요?

진짜 나를 만나고 싶으면 계속 노크하세요

내 시선이 머무는 곳에 내 에너지도 따라 머뭅니다. 제도권에 적응하며 살아가는 사람들의 시선은 주로 내부보다 외부로 향해 있습니다. 미디어, 언론, 가족, 동료의 의견에 인생의 중요한 결정을 서슴없이 맡깁니다. 내가 결정하는 삶이 아니라 외부에 결정권을 넘겨준 삶을 살면 놀랍게도 칭찬받을 일이 많습니다. 그래서 굉장히 잘살고 있다는 착각을 하게 됩니다. 바닷물을 끊임없이 들이키면서 갈증이 날아간 줄로 착각합니다. 하지만 어느 순간 주위의 칭찬과 인정이 끊기면, 뜨거운 모래를 한주먹 삼킨 듯한 갈증이 쳐 올라옵니다.

살다보면 외부에만 시선이 머물 수는 없습니다. 단 일 초라도 내부로 시선이 머무는 때가 반드시 존재합니다. 그 때 억지로 막고 있던 댐이 터지듯 괴로움이 태풍처럼 휘몰아치는 순간을 경험하게 됩니다. 가장 가까이 머물고 있는 내면을 가장 철저히 외면해서 오는 혼란이기에 더욱 뼈저리게 아픕니다.

'왜 내가 나를 모르겠지? 이렇게 치열하게 살아왔는데 내 인생의 의미도 모르겠고, 내가 결정할 수 있는 것은 없고, 뭘 좋아하고 싫어하는지도 모르다니.'

반복해서 외부와 비교하는 행위 속에서 불안감을 느끼는 자신을 매일 만납니다. 자존감도 떨어집니다. 내부로 시선을 돌릴 때 느껴지는 불안이 싫어서 멍하게 TV를 보고, 술을 마시고, 잠을 자면서 피합니다. 책을 읽고, 강의를 들어도 그 순간 잠깐 가벼워지는 것 같지만 준비 없이 내면을 만나는 시간이 1분만 지속돼도 한없이 마음이 무거워집니다.

저 역시 항상 외부에 머물던 시선이 20대 중·후반이 되면서 자주 내부를 향하는 경험을 했습니다. 고시에 떨어지거나 영업직을 선택하면서, 주변의 응원을 받지 못하며 극심한 외로움을 겪었고 자연스럽게 시선이 내부로 돌아가는 일이 잦았습니다. 우연히 자신과 자주 조우하는 데까지 20년 이상의 시간이 걸렸다 보니 나의 내면은 보지 못하는 달의 뒷면을 보는 것 같은 두려움이 있었습니다. 어떤 게 진짜 내 생각인지 끝도 없이 의심하게 되었습니다. 어릴 땐 주위 어른 한두 명이 가라는 길로만 가면 무난했는데 더 이상 그런 길은 보이지 않았습니다. 심지어 외부로 가는 시선마저 강제로 거두니 혼란은 더욱 심해졌고, 내면의 나도 길을 알려주기엔 서툴렀습니다. 진퇴양난에 빠졌습니다. 서운하고 답답했지만 당연한 일이었습니다.

평생 나와 함께 해준 나(내면)에게 따뜻한 시선 한번 주지 않았기 때문에 진짜 내(내면)가 사용할 에너지는 다 말라버린 우물처럼 바닥을 보였던 것입니다. 철저히 외면했던 시간만큼 더 간절하게 내면의 나에게 노크를 해야 했습니다. 노크의 방식은 다음과 같았습니다.

- 명상을 하면서 과거 감정으로부터 가벼워지는 것
- 책을 읽고 사색을 하며 비판적으로 보는 것
- 운동을 하면서 몸을 관찰하는 것
- 글을 쓰면서 내 생각을 객관적으로 들여다보는 것
- 일기를 무의식적으로 쓰면서 나도 모르는 내 속 이야기를 엿보는 것
- 낯선 사람으로부터 낯선 내 이야기를 듣는 것

귀찮지만 나에게 하는 마지막 노크라 생각하고 도전했습니다. 제도권에 오래 적응해 오다가 뒤늦게 내 사업을 시작하는 분, 진정성 있는 콘텐츠를 생산해야 하는 분들에게 적극적으로 권장합니다. 매일 매일 노크하며 1년, 2년, 3년 지나면서 조금씩 메시지가 들려왔습니다.

'나는 도대체 어떤 사람이죠? 내성적인가요? 외향적인가요?'

'둘 다 당신입니다.'

'나는 지금 어떤 선택을 해야 더 좋을까요? 뭐가 맞는 길인가요?'

'맞는 길은 없습니다. 끌리는 선택을 하고 끝까지 책임지면 어떤 결과를 맞이해도 그 길에서 가장 필요한 것을 얻습니다.'

내면의 나와 하게 된 대화를 통해서 균형과 중용의 의미를 깨닫고, 마음이 평온해지는 것을 느꼈으며 그 느낌을 몇 년째 유지하고 있습니다.

높은 파도 위에서 서핑을 하므로 계속 흔들리지만, 바다에 처박히지 않는 자신감과 평온함을 선물 받았습니다. 자세를 낮출수록 안전하고 오래간다는 것도 내면의 대화를 통해 배웠습니다. 마음이 평온하면 행실도 평온해지고, 가정도 평온해집니다. 번잡스러운 사건 사고에 휘말리지 않습니다.

온전히 자신을 드러내도 받아주는 사람들이 곁에 남고 결이 맞지 않는 사람들은 아주 자연스럽게 멀어집니다. 이성보다는 직관으로 선택하는데 자신감이 생기고 그런 선택으로 생기는 성과들로 더욱 확신을 가지게 됩니다.

느려 보이지만 하는 일에 속도가 붙고, 결이 맞는 귀인을 만나고 그들로 인해서 또 성장의 속도가 붙습니다. 원치 않는 고통의 시간도 찾아오면 언제나 그 시간을 스승 삼아 깨달음의 영역을 확장합니다. 세상을 품을 수 있는 여유도 생깁니다. 외부로 쏟았던 시선을 거두어 내부로 가져오는 노력을 한 지 10년이 딱 되었습니다.

어느새 저는 책을 집필하고 강의하며 유튜브를 하고 고가의 코칭을 하면서 매일 매일 방대한 콘텐츠를 생산하는 삶을 살게 되었습니다. 감정관리, 영적성장, 수익창출 3가지를 종합적으로 커버하는 교육을 순간랩 커뮤니티에서 진행하면서 균형잡힌 크리에이터를 육성하고 있습니다. 이런 활동 덕분에 귀인과 시간을 보내는 여유가 생기고, 가족과 오래 시간을 보낼 수 있게 되었습니다. 그런데도 저는 제가 가는 길만이 정답이라 생각하지 않습니다. 다만 제도권에 적응하기에 벅찼던 제가

게으르지만 콘텐츠로 돈은 잘 법니다

지금은 시간 가는 줄 모르며 즐거운 일을 하고 소중한 사람과 시간을 보내는데 최적화된 삶을 살고 있다고 감히 말할 수 있습니다.

7년 간 출·퇴근 없이 살고 있고, 첫째에 이어 둘째 육아까지 적극 참여하며 충만한 시간을 보내는 중입니다. 제 주변의 소중한 사람들이 이런 방식의 삶으로 변해가는 것을 눈으로 확인하고 있습니다.

내부로 시선을 돌려 나에게 따뜻한 에너지를 전달하고, 외면했던 진짜 나에게 노크를 지속해서 가능해진 일입니다. 두드리고 있는데 전혀 미동이 없어서 섭섭하고 화가 나시나요? 그게 당연한 거라 생각하고 노크하세요. 계속하세요. 외면했던 만큼 노크하세요. 그래야 머리 반틈 정도 빠끔히 내밀 테니까요. 그리고 이 책이 노크를 지속하는 데 큰 힘이 되어 줄 것입니다.

 콘텐츠 해커의 정리!

극단적으로 외로워지는 순간이 올 때 진정으로 내면을 만날 수 있는 기회가 생깁니다. 그 기회를 절대 놓치지 마세요. 그때 자신과 나누는 대화 그 상황을 극복하기 위해 하는 공부 그 모든 것을 기록하세요. 그 기록을 온라인에 공개해도 되고 공개하지 않아도 상관없습니다. 그 기록은 나중에 독자님이 콘텐츠 기반으로 돈을 벌려고 할 때 강력한 지원군이 됩니다. 그리고 그 지원군은 극단적으로 외로워진 상황에서 내면을 만나는 순간의 기록을 남길 때만, 힘을 발휘합니다. 만약 독자님이 지금 그 시기라면, 그리고 이 방법을 알게 되었다면 이 책을 만난 건 굉장한 행운입니다.

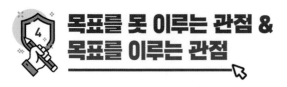

목표를 못 이루는 관점 &
목표를 이루는 관점

'창업 실패로 가정이 붕괴하는 일은 막자'

이는 무자본 창업을 전파하기 시작했을 때의 목표입니다. 의미 있는 목표이기에 가슴이 두근거렸던 느낌도 생생합니다. 무리한 창업에서 이어진 실패로 건강을 잃고 가정이 붕괴되는 가까운 분들의 모습을 몇 번 목격했기에 그렇게 망하면 그 주변에 얼마나 거대한 검은 파도를 일으키는지 잘 알고 있었습니다. 이런 환경 속에 자라서 절대 창업하지 않을 거라 다짐했던 제가 밑바닥부터 수익을 만들고, 키워가는 모습을 증명한다면 더 의미가 깊을 것이라 생각했습니다.

아마도 이런 목표로 사업을 시작하는 사람은 없을 테니까 유일한 일을 한다는 자부심도 있었습니다. 하지만 그런 자부심은 오래가지 못했습니다. 목표는 의미 있지만, 당장 눈앞에 벌어지지 않은 창업 실패의 심각성에 대해 관심을 가지는 사람들은 많지 않았습니다. 큰돈을 투자받고 대출받으면 더 큰 돈을 벌 수 있다고 여기저기서 떠들어대고 있었기 때문에 자본 없이 창업하고, 천천히 수익을 키워가는 걸 배우는 게 낭비처럼 느껴졌을 것입니다. 의미 있는 목표인데, 이 목표가 의미 있게 느껴지도록 설득하는 게 힘들었습니다. 주변에 저를 아끼는 분들은 의미 없는 일은 하지 말라했고, 수요가 없을 거라 말했습니다.

무자본으로 창업하라고 말하고 다닐수록 다단계 아니냐는 소리만 들었습니다. 의미 있는 목표를 바라보며 뜨거워졌던 가슴이 의심의 눈초리로 얼어붙어가는 것을 느꼈습니다. 목표는 소원해 보였고, 멋진 목표가 원망스러웠습니다. 그런데도 딱 1년만 버티자 생각하고 자본 없이 사업하는 법을 문서와 영상 콘텐츠로 제작했습니다. 유료 콘텐츠를 판매했지만 무료 콘텐츠를 더 많이 만들어서 계속 SNS에 올렸습니다. 그렇게 쌓인 콘텐츠를 모아서 책도 계속 써냈습니다. '무리한 돈을 써서 창업했을 때 겪게 될 어려움, 고정비 통제가 안 되는 창업 방식의 위험성, 마케팅에 의존해야 하는 창업 아이템의 한계'를 경고하며 매주 강의를 했습니다.

새로운 시장을 개척하고 교육하고 설득하며 주류와 충돌하고, 돈을 버는 단계까지 쉽게 이뤄진 것은 단 하나도 없었습니다. 매일, 매월 어떻게 버틸 수 있을까 고민했고, 돈을 버는 족족 고수라 불리는 사람에게 코칭받는 데 쓰고 현장에 적용했습니다. 그렇게 성장하는 과정 중에 뜨겁게 만나 평생 갈 것처럼 생각했던 동료들은 적게 잡아 100명은 되는데 크고 작은 이벤트를 겪으며 멀어졌습니다. 무자본으로 시작했고, 의미 있는 목표로 시작했다고 해서 절대 쉬운 일은 하나도 없었습니다.

그런데도 법인설립한 지 7년 차에 접어든 저는 여전히 첫 목표를 염두에 두며 콘텐츠를 만들고 있고 강의를 하고 있습니다. 남들이 부러워하던 기업을 다니던 사람들이 저를 만나 용기 있게 퇴직하고 그 전보다 더 많은 돈을 벌고, 시간적 자유를 누리는 모습을 봅니다.

저 같이 소심했던 사람이 어떻게 그 과정을 버티며 콘텐츠를 쌓고 있는지 돌아봤습니다. 내세울 것 없는 저에게 특별한 관점 하나가 어딘가 심겨 있다는 걸 발견했습니다. 힘든 일이 생겼을 때도 그 관점 하나 덕분에 금방 툭툭 털고 일어날 수 있었습니다.

'목표를 좇지 말고, 목표 안에 존재하기'

항상 남들보다 한 차원 높게 생각하라는 가르침을 여러 스승님께 배웠고 삶에 적용하려고 노력했는데요. 강의하면서 부자를 목표로 두는 분들을 많이 만났고 그 분들은 2부류로 나뉩니다. 목표를 좇는 사람, 목표 안에 이미 존재하는 사람, 이 두 사람의 행동과 태도는 180도 다릅니다. '부자'라는 목표를 좇는 사람은 그 목표가 손에서 멀어지는 듯한 느낌을 받을 때마다 감정적으로 폭발하거나 무너집니다. 그래서 부자가 되는 과정에 공황장애에 걸리기도 합니다. 그분들은 조급함이 표정과 말에 짙게 배어있습니다. 손에 잡히지 않는 목표 때문에 마음에는 한 틈의 여유도 없습니다. 그래서 하지 말아야 할 것과 해야 할 것을 잘 구분하지 못합니다. 주로 남과 비교하면서 자신을 괴롭히고, 피해의식에 사로 잡혀 있습니다. 자신을 가장 많이 괴롭히는 게 정작 자신이라는 것을 모르는 채 말이지요. 이런 분과는 같이 일을 하고 싶어지지 않겠지

게으르지만 콘텐츠로 돈은 잘 법니다

요? 그렇게 외로워진 틈을 비집고 사기꾼들이 이 분들의 마음을 빼앗습니다. 똑똑하고 매사에 열심히 사는데 사기를 자주 당하는 분들이 보통이런 상황에 해당됩니다. 부자를 목표로 하는 사람은 이런 연유들로 인해서 부자가 되는 게 점점 더 어려워집니다. 그리고 《시크릿》같은 책을 따라 목표를 선명히 그리느라 애를 씁니다. 부자라는 목표를 종이에 선명히 그리는 것보다 중요한 게 있습니다. 진짜 부자처럼 여유 있는 선택을 하고 감사하고 충만한 감정 상태를 가지는 겁니다.

부자라는 목표 안에 이미 존재하는 사람들의 행동은 다릅니다. 자신은 이미 부자의 길에 들어서 있다고 믿기에 불안함이 덜합니다. 이미 부자이지만 더 행복한 부자가 되기 위해서 기꺼이 새로운 공부를 하고 다른 행복한 부자를 만납니다. 이런 과정에서 생기는 좋지 않은 사건 사고를 통해서도 매번 성장합니다. 자신은 이미 부자라는 목표 안에 존재하기 때문에, 사건 사고가 벌어졌을 때 그것을 더 잘 활용해서 더 큰 부를 만들 수 있다는 믿음이 있습니다.

돈 버는 것을 방해하는 일도 생기지만, 잠깐 신경 쓰일 뿐입니다. 목표 안에 살고 있는 사람에게는 오히려 목표를 굳건히 만들어주는 동기부여로 사용됩니다. 한 차원 높은 생각을 하는 스승님의 가르침 덕분에 저는 사업하는 과정에서 발생하는 크고 작은 사건 사고마다 이런 의미 부여를 습관적으로 할 수 있었습니다. 처음에는 이렇게 하지 않으면 포기할 것 같아 시작했던 생각 습관이자 관점입니다. 힘든 사건에 매몰되어도 이 사건이 궁극적으로는 이미 달성이 정해진 목표를 위해 발생한 것이라 생각하면 슬럼프에서 빠져나오는 게 수월했습니다.

제가 7년 차 되는 동안 일관된 목표로 사업하게 한 가장 큰 무기가 바로 이런 관점입니다. 그리고 이런 관점 형성에 도움이 되는 여러 가지 메일코스와 영상을 만들었고, 이 과정에 참여하는 분들이 스스로 변화할 수 있는 자동화 시스템을 구축한 게 저만의 특별한 무기가 되었습니다. 제가 운영하는 카페들에 가보면 변화하는 분들의 이야기를 매일 매일 확인할 수 있고, 저는 그 자부심으로 사업하고 있습니다. 목표에 대해 관점의 전환이 생긴 분과 안 생긴 분은 행동이 완전히 다릅니다. 전환이 생긴 분은 문제를 기회라고 생각하는 게 습관이 됩니다. 글을 예로 들어보겠습니다. 저는 '글을 어떻게 하면 잘 쓸 수 있냐'는 질문을 자주 받습니다. '자주 반복해서 쓰고, 좋은 글을 자주 보면 된다'가 제 답입니다. 하지만 이를 달성하기 위해 관점을 바꾸는 노력이 선행되어야 합니다.

글 잘 쓰는 것을 목표로 좇는 사람이 될지, 아니면 그 목표 안에 이미 존재하는 사람이 될지 스스로 되묻는 노력입니다. 목표를 좇는 쪽이 되면, 글에 반응이 없거나 지적을 받았을 때 크게 실망합니다. 목표에서 멀어졌다는 느낌을 받기 때문입니다. 이러면 글을 자주 쓰는데 어려움을 겪고, 좋은 글을 볼 마음의 여유도 안 생깁니다. 당연히 글을 잘 쓰지 못하게 됩니다.

목표 안에 이미 존재하는 쪽을 선택하면, 반응이 없거나 지적받는 걸 더 좋은 글을 쓰기 위한 성장 도구로 여기게 됩니다. 이미 글 잘 쓰는 목표 안에 존재하기 때문에 지금 덜 잘 쓰는 글들은 나중에 드라마틱한 변화를 보여주는 중요한 소재가 됩니다. 그러므로 지금, 덜 잘 써진 글을 더 많이 써야 합니다. 덜 잘 쓴 글을 지금 더 많이 확보해야 한다는 명분이 확보되면, 못 쓰더라도 글을 자주 쓰지 않을 이유가 없습니다. 그 결과, 글을 잘 쓰게 됩니다. 어떠신가요?

부자라는 목표 안에 이미 살고 있는 사람은 지금 가난하더라도 인생의 의미를 발견하고, 감사할 줄 압니다. 지금의 가난이 나중에는 다시 겪기 힘든 소중한 순간이라는 확신이 있기 때문에 다시 되돌아올 수 없는 현재를 감사히 여깁니다. 그래서 습관적으로 아주 작은 것에서도 신이 주신 기쁨의 힌트를 발견합니다.

창업해서 성공하고 싶다면 최소한 이 관점 하나는 장착하고 필드에 뛰어들어야 한다고 강력하게 권해드립니다. 그래야 공황장애 없이 행복한 가정을 꾸리며 부자가 되는 목표를 맞이할 수 있을 테니까요.

📖 콘텐츠 해커의 정리!

목표를 좇으면, 목표를 달성하지 못한 것에 집중해서 결국 목표를 달성하지 못합니다. 목표 안에 내가 이미 존재한다고 믿고, 지금 겪는 사건들이 그 목표를 가리키는 힌트라고 받아들이면서 전진할 때 어느 순간 내 목표는 달성됩니다. 이미 목표를 이뤘다는 만족스러운 기분이 들게하는 데 에너지를 온전히 사용할 때 목표 안에 이미 존재하는 법을 깨달을 수 있습니다.

"지금 당신의 목표는 무엇인가요?"

"그 목표를 좇고 있나요? 아니면 그 목표 안에 이미 존재하고 있나요?"

"목표 안에 이미 존재한다면 앞으로 나의 행동과 선택은 어떻게 달라질까요?"

질문 드리며 마칩니다.

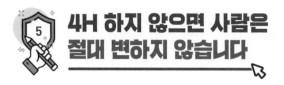

4H 하지 않으면 사람은 절대 변하지 않습니다

변하고 싶은 마음만으로 변할 수 있다면 얼마나 좋을까요? 투자와 관련된 책을 100권 읽어서 성공한 투자자가 될 수 있다면? 창업 강의를 많이 들어서 성공한 사업가가 된다는 보장이 있다면? 그렇다면 세상에 성공하지 않은 사람이 없을 것 같습니다. 하지만 실제로 그런 일은 벌어지지 않지요.

지금부터 실제로 변화를 만들기 위해 알고 있어야 할 4H에 대해서 말씀드릴게요. 하나의 H라도 빠져있다면, 독자님이 원하는 성과는 손에 잡히지 않는 신기루가 되어 버립니다. 열심히 공부하는 것에 비해 성과가 나지 않고 어떤 노력을 더 해야 할지 잘 모르겠다면 4H를 하나씩 자신의 상황에 적용해보세요. 빠져있는 퍼즐 하나가 보일 테니까요.

첫 번째 H는 헤드Head입니다. 말 그대로 머리로 하는 공부입니다. 책 읽고 강의를 듣는 행위는 전부 헤드라 보시면 됩니다. 이 H는 열심히 사

게으르지만 콘텐츠로 돈은 잘 법니다

는 대한민국 국민이면 누구보다 잘하고 있는 파트입니다. 다만 이 H가 전부라 착각하는 게 문제입니다. 변화와 성장을 위해서 당연히 공부를 해야 됩니다. 지금처럼 공부하기 편한 시대도 또 없을 것입니다. 책은 얼마든지 쉽게 빌려 볼 수 있고, 전 세계 훌륭한 강의를 유튜브로 볼 수 있습니다. 나에게 맞는 좋은 책과 강의를 선별하는데 좀 더 신경을 쓰는 노력이 추가되면 됩니다. 유료 강의를 듣거나 주제와 관련 커뮤니티에서 후기를 보고 선택하면 영리하게 선별해서 들을 수 있고 시간도 아낄 수 있습니다.

두 번째 H는 하트Heart입니다. 학창 시절 저는 공부법 책을 쌓아두고 읽었습니다. 공부 스킬을 알려주는 게 대부분이었는데, 제목은 생각이 안 나지만 남다른 책이 있었습니다. 공부의 동기를 찾아야 한다는 게 주된 내용이었습니다. 그 책에서는 공부를 지속해야만 하는 동기를 자주 생각해보게 했고, 공부 시작 전에 그 동기를 매번 떠올린 뒤 공부를 시작하라고 했습니다. 어떤 대학교를 목표로 하는지 꿈은 무엇인지 떠올릴 때 일어나는 감정을 에너지원으로 사용하기 위함입니다. 하트는 감정적인 포인트입니다. 헤드만 사용한 사람들은 감정 사용하는 법을 모릅니다. 감정은 몸을 통해서 느낍니다. 그래서 몸 컨디션이 좋지 않으면 자기감정을 객관적으로 알아채기 힘듭니다. 몸의 감각을 외면하고, 감정을 관찰하는 것은 잘못된 접근입니다.

일리노이 대학의 정신학자 아서 크레이머 박사는 몸을 움직이는 행위를 통해서 정신행동을 관장하는 전두엽의 크기가 커지고 감정 중추도 더 활성화된다는 것을 밝혀냈는데요. 몸을 움직이는 것뿐만이 아니라 사람들과 대화 나누는 것 역시 감정중추를 불러일으키는 훌륭한 행위입니다.

나를 비춰주는 상대를 통해서 내 감정 신호를 더 잘 파악할 수 있습니다. 저는 순간랩이라는 커뮤니티에서 몸을 움직이고 대화를 하며 강의하는 방식을 몇 년째 고수하는 중입니다. 감정 에너지를 좀 더 잘 활용하면 지식을 넘어 더 근본적인 변화에 필요한 중요한 에너지를 얻게 됩니다. 감정은 심장을 두근거리게 만듭니다. 그 힘으로 변화하는 사람들은 변화의 속도가 다릅니다. 두근거림으로 잠이 들고, 두근거림으로 잠을 깹니다.

헤드만 전부라 생각하고 미친 듯이 공부만 했던 분들은 이 퍼즐을 맞췄을 때 색다른 자극을 느끼게 됩니다. 그동안 쌓기만 하고 연결하지 못한 것들이 한 축으로 꿰어지기 시작합니다. 과거 경험과 그로부터 파생된 감정이 나에게 어떤 의미를 주는지 객관적으로 보게 됩니다. 왜 내가 지금 이 일을 해야 하는지 의미를 찾게 만들어주는 파트가 하트이고 헤드와 달리 혼자서 하기 참 어려운 파트입니다. 감정과 몸의 중요성을 알고 교육을 하는 곳을 통해서 제대로 발견하실 수 있습니다.

세 번째 H는 핸드^{Hand}입니다. 기록하는 것입니다. 몸으로 움직이는 것에도 해당되지만 콘텐츠로 기록을 남기는 포인트의 핸드입니다. 제가 순간랩에서 진행하는 프로그램들은 참여자들이 대화하고 기록하는 행위가 많습니다. 질문에 답도 하고, 새롭게 발견한 내용을 정리해서 쓰고, 감정적으로 혼란이 오는 것도, 힘든 것도 다 기록합니다. 이렇게 기록하게 하는 이유는 3가지입니다.

먼저 기록하면서 감정을 좀 더 차분하게 바라보고 흘러보낼지 잡을지 결정할 수 있게 됩니다. 글로 적은 내용을 보면 감정을 좀 더 객관적으로 볼 수 있기 때문입니다. 감정 통제가 안 되는 데 이성적으로 감정을 삭이려고 하면 감정은 풍선껌처럼 커지고 더 달라붙습니다. 글로 적으면 훨씬 쉽게 그 감정을 들여다보고 흘러보내거나 건강하게 잡을 수 있습니다.

두 번째 이유는 피드백을 위해서입니다. 글로 적지 않으면 내가 어떤 생각을 하고, 어떤 고민을 하는지 상대가 알 수 없습니다. 그래서 필요한 조언을 듣기가 어렵습니다. 지금 힘든 과정이더라도, 왜 힘든지 원인을 알면 좀 더 견딜 만해집니다. 차가운 겨울이 지나 당연히 봄이 오는 것을 알면 좀 더 즐길 만해집니다. 그리고 이미 그런 과정을 여러 번 지나온 멘토나 스승에게 피드백받기 위해서 계속 적어야 합니다.

세 번째는 성장하는 모습을 보여주는 콘텐츠를 쌓기 위함입니다. 직장 다니다가 갑자기 창업한다고 하면 주변에서 응원해주지 않을 것입니다. 직장 잘 다니다가 갑자기 전업 투자자가 된다고 하면 이상한 사람한테 홀린 것 아니냐는 소리 듣기 쉽습니다. 하지만 직장 다닐 때부터 관련된 공부를 하면서 블로그에 기록을 남겨왔고 점점 업그레이드시켜 왔다면 적어도 핀잔은 받지 않습니다.

지속적인 기록은 그 무엇보다 강력한 신뢰가 됩니다. 그 기록이 업그레이드되고 있을 때는 무적의 신뢰감으로 작동합니다. 새로운 시작을 할 때는 주변의 작은 신뢰라도 아주 큰 힘이 됩니다. 작은 신뢰가 큰 신뢰를 만드는 동력이 되고, 쌓여진 신뢰는 때를 만나 돈으로 빠르게 전환됩니다.

마지막 H는 해빗**Habbit**입니다. 배운 것의 일부만이라도 반복하고 기록으로 남기는 습관으로 연결되어야 합니다. 책 쓰기 수업을 들었으면, 매일 한 줄이라도 쓰는 습관으로 시작하면 됩니다. 인스타그램 마케팅을 배우고 중요하다 느꼈으면 매일 하나의 포스팅을 해보는 습관을 정하면 됩니다. 식당 창업에서 벤치마킹이 중요하다고 배우고 가슴으로 느꼈으면 일주일에 한 번은 배울만한 식당을 찾아다니면서 벤치마킹 요소를 찾아보고 기록하면 됩니다. 하루에 한 번이 힘들면, 일주일에 한 번, 일주일에 한 번이 힘들면 한 달에 한 번, 정기적인 습관으로 잡으세요. 그래야 그 콘텐츠를 기다리는 팬이 생깁니다.

저는 매주 월요일에 메일 발송하는 것을 7년째 하고 있습니다. 순간랩에서 제 수업을 들은 분들은 매일, 매주 꾸준히 콘텐츠 올리는 습관을 들이는 단계까지 참여하게 합니다. 스스로 습관을 챙길 수 있으면 좋지만 우선순위가 미뤄지고 습관으로 정착하는 게 어렵기 때문에 커뮤니티 안에서 동료가 서로 독려하면서 습관을 만들도록 프로그램이 구성되어 있습니다.

앞에 말한 3H를 다 거쳤다면 수단과 방법을 가리지 않고 매일, 매주 해야 할 습관을 정해서 마지막 H까지 확보해야 됩니다. 이 단계를 통해서 변화의 씨앗에 물을 주고 해를 쬐는 효과가 생깁니다.

 콘텐츠 해커의 정리!

공부하면서 지식을 쌓고, 몸의 감각을 깨워 깊은 감정을 느끼고, 기록하면서 콘텐츠를 쌓고, 반복적으로 하는 작은 습관을 만드세요. 변화를 절실히 원했지만 변화하지 않았던 독자님이라면, 분명히 위에 4H 중 하나는 빠져있는 상황일겁니다. 그러면 아무리 많은 시간을 들인다고 해도 원하는 변화는 일어나지 않습니다. 한번 돌이켜보세요. 나는 분명 저 사람보다 훨씬 더 열심히 살고 더 스트레스 받고, 더 공부 열심히 하는데 저 사람에게 생기는 변화가 왜 나에게 일어나지 않는 걸까? '4H를 놓치고 있기 때문'입니다. 내가 지금 하고 있는 H는 무엇이고, 놓치고 있는 H는 무엇인지 한번 각자의 SNS에 기록해보고, 주변의 피드백도 받아보세요. 변화에 필요한 중요한 힌트를 분명 얻게 되실 거예요.

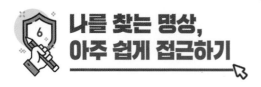

스트레스, 우울증, 부정적 생각을 명상으로 해결하려다 스트레스만 더 받고 계시진 않나요? "핑크색 코끼리는 생각하지 마세요."라고 말하는 순간, 독자님 머릿속에는 그런 코끼리 형체가 떠오릅니다. 없애려고 하는 생각에 집중할수록 오히려 그 생각은 더 선명해집니다.

제가 명상 공부를 많이 하러 다닌 걸 아는 분들이 어떻게 명상해야 하는지 종종 질문을 합니다. 그럼 저는 "명상을 왜 하려고 하세요?"라고 물어봅니다. 보통 떠오르는 잡생각들을 없애기 위해서라고 말합니다. 그럼 저는 다음과 같이 말합니다.

"그렇게 접근하면 오히려 없애려는 그 생각에 더 집중하게 됩니다."

생각을 없애려고 할 때, 의도치 않게 동반하는 일이 있는데요. 없애야 될 생각이 계속 존재해야만 합니다. 원치 않는 생각을 없애는 노력을 하는 과정에서 원치 않는 생각을 나도 모르게 먼저 떠올리게 됩니다. 잡생각을 없애는 행위가 잡생각을 더 부르는 일을 하는 것이지요. 이러한 심리적 현상을 가리켜서 리바운드 효과라고 부릅니다. 부작용은 이뿐만이 아닙니다. 자신도 모르게 생각을 불러들였고, 다시 그 생각을 없애려고 애쓰기 때문에 불러오고 내보내는 과정에서 이중으로 에너지가 낭비됩니다.

청소를 하기 위해서 일부러 쓰레기를 버리고, 어지럽히는 사람은 없겠지요. 눈앞에 있는 쓰레기만 청소하는 것도 귀찮은 일이잖아요? 엄밀히 말해서 생각을 없애려고 명상하는 것은 생각을 외면하거나 억누르는 행위에 가깝습니다. 불필요한 에너지 낭비가 크다보니 명상을 한다고 했다가 더 스트레스받는 악순환을 겪습니다.

명상에도 순서가 필요하다

생각을 없애고 공의 상태에 가는 건 명상의 맨 끝 단계입니다. 처음부터 생각 없애기를 시도해서 없앨 수 있는 경우는 없고 되는 것 같아도 그렇다고 착각하는 경우가 대부분입니다. 마지막 단계까지 가려면 어떻게 해야 할까요? 아이가 뛰기 전에 걷고, 걷기 전에 기는 단계를 거치듯 쉬운 단계가 있습니다. 생각을 없애는 단계 이전에는 생각을 바라볼 수 있는 단계를 거쳐야 합니다. 생각과 친해지는 단계라 보면 됩니다.

생각은 보통 감정과 함께 떠오릅니다. 생각을 바라본다는 것은 그런 감정이 함께 올라오는 것을 알아채고, 나에게 득이 되는 생각인지 아닌지, 나에게 필요한 감정인지 아닌지 분별하며 바라보는 단계입니다. 떠오르는 생각을 있는 그대로 바라보는 단계에 먼저 익숙해져야 생각을 없애는 단계(흘려보내는 단계)로 갈 수 있습니다. 이 단계를 거치지 않고 생각을 없애려고 하면 자기도 모르게 억누르게 되고 생각의 나무들은 기를 쓰고 가지를 더 뻗습니다.

그럼 어떻게 해야 할까요? 감정과 함께 떠오른 생각을 바라봅니다. 그런 생각이 떠오른 이유를 온전히 몸으로 느끼며 그 생각을 향해서 미소 지어주고, 용서해보며 고개를 끄덕이며 인정해주면(이 챕터 마지막에 이 행위를 한 단어로 표현하고 있습니다.) 떠오른 생각들은 자기 할 일을 마치고 가벼워집니다. 그렇게 그 다음 흘려보내거나 저 멀리 둥둥 떠나보낼 수 있게 됩니다. SNS에 악플이 달렸을 때, 악성댓글에 반박하며 누르는 논리를 가지고 싸우다 보면, 악성댓글은 점점 더 힘이 세집니다. 경우에 따라 자신에게 동조하는 세력을 데리고 와서 더 큰 에너지를 낭비하게 만듭니다. 상대가 악성댓글을 달수밖에 없는 환경을 상상해보고, 상황을 인정하는 댓글을 쓰며 마음에서 용서를 하고, 감정적 동요를 천천히 바라보며 기다리는 게 악성댓글의 힘을 쭉 빠지게 하는 방법입니다. 나에게 더 중요한 일을 챙기기 위해 에너지를 아끼는 선택을 하세요.

명상의 상을 죽이다

하지만 생각을 바라보는 단계 역시 어렵습니다. 계속 나를 봐달라는 생각들을 있는 그대로 봐주는 것도 고역입니다. 생각을 없애는 것보다 선행되어야 할 뿐이지 이 역시 쉬운 일은 아닙니다. 이 단계조차 어렵기 때문에 그 이전에 거칠 단계가 있습니다. 지금 몸의 각 부위를 떠올리면 각 부위로 의식을 옮길 수 있나요? 글을 읽으면서도 지금 해볼 수 있습니다. 왼쪽 무릎에 의식을 집중해보세요. 잘 안되면, 눈을 감고 호흡을 하면서 들이 쉴 때 푸른빛을 실어서 무릎까지 보내고 거기서 빛이 난다고 상상해보세요.

그 다음은 오른쪽 무릎에 의식을 집중해보세요. 의식이 이동하는 게 느껴지나요? 다시 오른쪽 엄지발가락 끝에 의식을 집중해보세요. 의식이 이동하는 게 느껴지나요? 생각보다 쉽게 되는 분도 있고, 잘 안 되는 분도 있을 것입니다. 저는 이 단계를 수련하던 때에 영감을 얻었습니다. 물질화된 몸도 제대로 관찰하지 못하고 의식하기도 어려운데 비 물질화된 생각을 통제하고 없애는 단계부터 수행하는 건 말이 안 된다는 사실이었습니다. 생각을 바라보고 통제하며 부정적인 생각을 가라앉히며 무의 상태에 도달하는 것은, 창의적인 콘텐츠를 제작하고 마케팅을 하는 분들에게는 꼭 필요한 과정입니다. 텅 빈 상태에 머물 때, 그곳을 채우는 놀라운 영감의 꽃들이 피어나는 경험을 하기 때문입니다. 생각을 마주하며 제대로 느끼고 바라보고 흘려보내다 멍해지는 상태, 잠깐 비어있는 상태가 되면 이전에 연결되지 않았던 생각들이 연결되면서 창의적인 아이디어가 떠오릅니다.

수학 문제를 빨리 풀기 위해서 미분 공식을 사용하면 답을 쉽게 구해서 좋아 보입니다. 하지만 왜 그 문제를 해결해야 하는지, 다른 방법은 없는지, 고민하는 단계는 사라지고 점점 재미도 없어집니다. 생각을 비우는 단계로 가는 것도 마찬가지입니다. 그 단계까지 가기 위해서 익숙해지고, 터득해야 할 단계가 존재합니다. 그 단계를 밟지 않고 비워낸 단계에 이른 것 같은 착각에 빠지면 시간이 지날수록 점점 더 무거워지는 자신을 감당하기 힘들어집니다. 명상하면서 더 힘들어졌다고 저에게 고백하는 분들이 그런 상황에 놓여있는 경우가 많았습니다. 명상은 어려운 일이라 믿고 이전에 살아왔던 방식대로 극기 훈련하듯이 극복하려고 하면 명상과는 거리가 멀어집니다. 기존에 가지고 있던 명상에 대한 상을 죽여야 된다고 제가 말하는 이유입니다.

가장 자연스럽고, 일상에 녹아드는 명상

더 쉬운 단계부터 시작해도 됩니다. 몸 관찰보다 더 쉬운 단계는 호흡 관찰입니다. 매순간 우리는 호흡하고 있습니다. 다만 관찰 대상이 아닐 뿐입니다. 들어갔다 나오는 숨을 관찰하는 것에 익숙해지면 몸을 인식하는 것도 훨씬 수월해집니다. 당연히 생각을 바라보는 것도 수월해집니다. 지금 책을 보면서도 할 수 있는 수행입니다. 운동하면서 호흡을 관찰하는 것도 수행입니다. 아이랑 깔깔거리고 놀다가 호흡이 불규칙해지는 것을 인지하는 것도 수행입니다.

마음만 먹으면 매일 쉽게 할 수 있는 게 명상입니다. 그리고 매일 할 수 있는 것만 내 것이 됩니다. 호흡 관찰에 익숙해진 것 같으면 내쉬는 숨과 들이쉬는 숨 사이에 끊김이 없도록 호흡하고 관찰해보세요. 호흡에 좀 더 집중할 수 있고, 몰입한 상태에 잘 도달하기 위해서 깨달은 분들이 사용하는 호흡 방법입니다. 실패에는 적극적인 실패와 소극적인 실패가 존재합니다. 실패할지도 모르지만 적극적으로 도전하면서 맞이

하게 되는 적극적인 실패, 실패하기 싫어서 피하다가 궁지에 몰려서 맞이하게 되는 소극적인 실패. 둘 중 어떤 실패가 성장에 도움이 될까요? 맞습니다. 적극적인 실패입니다. 생각을 없애기 위해서 생각을 억누르는 방식은 소극적 실패 쪽에 가깝습니다. 생각이 떠오르는 것을 외면하면 나중에 감당하지 못하는 생각의 그림자에 뒤덮입니다. 오히려 떠오르는 생각들을 적극적으로 마주하고 친해지며 통제하게 될 때 우리가 원하는 방향으로 생각을 조정할 수 있게 됩니다.

명상을 뜻하는 메디테이션^{Meditation}은 곰곰이 생각하고, 마음을 조사한다는 뜻이 있습니다. 동시에 좋지 않은 것을 지우고 치유한다는 뜻이 있습니다. 명상은 비우기만 하는 것도 아니고 채우기만 하는 것도 아닙니다. 2가지 현상은 동시에 벌어진다는 것을 명심하세요. 이 모든 것의 출발은 매순간 우리가 하고 있는 호흡의 관찰입니다. 지금 바로 관찰해보세요.

 콘텐츠 해커의 정리!

콘텐츠를 만들어내는 사람들은 항상 아이디어의 고갈로 스트레스를 받습니다. 스트레스를 해소하고, 창의적인 아이디어를 얻기 위해 명상에 도전하다가 오히려 더 상태가 안 좋아지는 안타까운 일이 생기는 것을 자주 봅니다. 저는 있는 그대로 관찰하고 봐주는 게 사랑이라고 믿습니다. 생각을 있는 그대로 바라보는 것은 그 생각을 사랑하는 행위입니다. 사랑의 힘은 내게 필요한 생각은 머물게 하고 불필요한 생각은 그 자리를 뜨게 만듭니다. 사랑의 힘은 위대합니다. 창의적인 일을 하는 콘텐츠 제작자, 마케터, 사업가, 직장인 분들이 부디 명상의 놀라운 세계를 경험하면서 더 건강하게 세상에 사랑을 전파할 수 있길 바랍니다.

어린 아들에게 배운 마케팅의 본질

부모의 가장 큰 스승은 어린 자녀라고 믿습니다. 그래서 지금 제게 가장 큰 스승은 제 큰아들입니다. 갓 태어난 둘째도 마찬가지입니다. '인생에서 배울 수 있는 가장 큰 지혜는 아이를 키우는 초기 몇 년간 다 배울 수 있다'고 노벨상 후보로 거론된 물리학자이자 영성가인 미나스 카파토스 박사는 말했습니다. 저는 그 말을 100퍼센트 믿고 경험하고 있습니다. 제가 육아에 참여하는 시간은 인생에 가장 큰 행복을 주는 순간이자 가장 놀라운 깨달음을 주는 순간입니다.

수많은 책에서 스쳐간 정보의 파편들이 아들을 키워가면서 퍼즐을 맞춰 갑니다. 의식보다 무의식이 더 잘 드러나는 아이의 행동을 관찰하면서 십 년을 책보고 공부해도 깨닫지 못할 깨달음을 얻고 있습니다. 이것은 현재가 지나면 얻을 수 없는 배움입니다. 맑은 존재 그 자체인 어린 아이들은 저와 제 아내에게 깨달음을 주러 세상에 온 게 분명합니다. 예를 들어, 철저히 본능에 충실한 아이의 행동을 관찰할수록 마케팅과 세일즈, 영성의 접점을 보게 됩니다. 아들은 잠이 올 때 짜증을 내는데 자신이 졸린 걸 부정하면서 짜증을 냅니다. 어른이 보면 이해할 수 없는 상황이지요.

《뱀의 뇌에게 말을 걸지 마라》라는 책을 인상 깊게 읽었었는데요. 본능의 뇌인 뇌간이 자극된 상태에서는 이성적인 설득도 감성적인 설득도 소용이 없다는 내용이 주된 스토리입니다. 저는 본능에 충실한 상태의 아이를 유심히 보면서 아이가 어떤 상태인지 파악하고, 연구하면서 저만의 해법을 계속 찾아가는 중입니다. 예를 들어 교감신경이 활성화되고, 극도로 긴장한 상태인 아들에게 여러 가지 정보가 유입되면 극도로 짜증을 부리고 공격적인 성향을 띄게 됩니다. 그럴 때 저는 아들의 가팔라진 호흡을 관찰하고 제 호흡을 아들에게 맞춘 다음 천천히 제 호흡을 가라앉히며 아들의 호흡이 제 호흡을 따라오는 것을 기다립니다. 차분해진 상태에서 아들의 심정에 공감하는 말을 먼저 꺼냅니다.

"윤재가 화가 났어요~?"

"윤재가 텔레비전 끄기 싫었어요?"

이런 말을 하면서 계속 아이의 호흡을 관찰하고 제 호흡을 천천히 가다듬습니다. 아들이 제 호흡을 따라오는 느낌이 들 때, 저는 활짝 웃습니다. 아들도 활짝 웃습니다. 그전에 화를 내고, 짜증을 냈던 것은 상관없이 금방 아이를 웃는 상태로 만들 수 있습니다. 이런 일상의 실험과 경험을 어떻게 사업에 적용하냐고요? 제 서비스를 고객에게 전달하는 과정에도 똑같이 적용하고 있습니다.

출·퇴근 중에, 근무 중에 시달리며 하루 종일 스트레스 받고 수많은 스팸광고에 노출된 고객에게 자극적인 광고메시지를 전달하는 것은 무척 어리석은 일이라는 판단을 일단 할 수 있습니다. 저는 고객이 가지고 있는 문제에 먼저 공감하고 그것을 잘 해결할 수 있는 정보성 콘텐츠를 무료로 전하면서 교감하는 시간을 가집니다.

다른 기업이 고객의 불안감을 더 자극해서 빨리 결제하게 하려고 빠른 호흡으로 압박할 때, 저는 고객의 호흡을 먼저 따라가며 콘텐츠를 무료로 제공하고, 그 콘텐츠를 보면서 고객이 좀 더 천천히 고민하며 스스로 생각할 수 있는 여유를 가질 수 있도록 가이드해갑니다. 느리고 편안한 제 호흡으로 점점 리드하고 따라오는 고객 역시 느린 호흡에 동화됩니다. 온전히 편안한 상태에서 제 진정성 있는 콘텐츠를 보면서 메시지에 공감하고 신뢰를 느끼는 분들이 제가 권하지 않아도 스스로 결제를 선택하게 됩니다. 모든 사람에게 결제할 수 있는 권한을 주지도 않습니다.

저는 고객이 안되었으면 하는 분의 특성을 세일즈페이지에 명시하고 있습니다. 이런 장벽을 넘어서서 결제하려는 의지가 있어야만 제가 제공하는 서비스에 적극 참여하면서 실제로 변화를 경험할 수 있기 때문입니다. 그리고 저와 제가 운영하는 서비스와 결이 잘 맞는 고객과 소통하면서 더 즐겁게 사업을 할 수 있기 때문입니다. 제가 제공하는 무료 콘텐츠로 결을 맞추는 과정 없이 서둘러 결제하려는 분은 적극적으로 결제를 말립니다. 제가 운영하는 기업들이 제공하는 수많은 무료 콘텐츠를 먼저 접하면서 결이 맞는지 충분히 검토하라고 말씀드립니다.

제가 운영하는 기업들의 무료 콘텐츠를 소비하면서 이미 충분히 많이 받았다고 느끼는 분들은 군이 설득하지 않아도 만족한 상태에서 그 다음 단계 서비스를 스스로 결제합니다. 유료 상품을 결제하지 않더라도, 적어도 무료 콘텐츠를 소비하면서 저나 기업에게 감사한 마음은 가집니다. 저는 그런 마음들이 보이지 않게 세상 어느 곳에 쌓이고, 그런 게 위기의 상황에 저와 가족을 지켜준다고 믿고 실제로 그 위력을 경험합니다. 고객의 거친 호흡에 끌려가는 일이 절대 없고, 차분한 저의 호흡으로 제 중심을 잡고, 고객이 자연스럽게 동화되게 하는데 아이를 통해 배운 내용을 적용한 것입니다.

밥 안 먹겠다는 아이에게 밥을 먹일 때도 윽박지르듯이 먹으라고 하면 절대로 먹지 않습니다. 선택권을 주고 스스로 선택할 수 있을 때 기꺼이 밥을 맛있게 먹습니다. 예를 들어서 밥 안 먹겠다는 아들에게 군이 밥 먹으라고 이야기하지 않습니다. 저는 '지금 밥 먹지 않아도 괜찮아요' 라고 여러 번 말합니다. 사실, 아이는 모두가 밥 먹고 있는 지금이 밥 먹어야 하는 시간인 걸 이미 잘 알고 있습니다. 다만 그 상황으로 몰입이 안 된 상태에서 자신의 선택권 없이 끌려가는 것을 싫어할 뿐입니다. 아이의 입장에 공감하는 말을 여러 번 해서 아이의 짜증이 누그러지고 할 말이 없어진 상태가 되었을 때 저는 이렇게 말합니다.

"윤재는 계란말이랑 밥 먹을 거예요? 멸치랑 밥먹을 거예요? 그런데 지금 안 먹어도 괜찮아요."

이렇게 말하고 기다립니다. 앞서도 말했지만, 아이는 지금 밥 먹어야 되는 시간이라는 것을 잘 알고 있습니다. 그리고 그 선택을 하는 과정이 억지스럽고 끌려가는 게 싫을 뿐입니다. 아이에게 선택권이 생기고, 무엇을 선택할 수 있는지 쉽게 부모가 알려주면 아이는 스스로 선택하는 기쁨을 표현하며 식탁으로 다가옵니다.

"멸치랑 먹을래요!"

제가 판매하는 상품을 비롯한 자문하는 기업들은 모두가 고객에게 선택권을 내어주도록 가이드 합니다. 그런 여유가 가능한 이유는 오랜 시간 고객의 문제를 해결하는 콘텐츠를 지속해서 만들어왔기 때문입니다.

처음에 '아이에게 마케팅 세일즈를 배운다고? 그게 가능하겠어?'라고 생각하셨다면, 제가 아이에게 얻은 영감을 바탕으로 실제로 구현하고 있는 내용을 보면서 신선하다는 생각을 하셨을 것입니다. 이외에도 아이를 통해서 얻는 영감은 셀 수 없이 많습니다. 제가 처음부터 이럴 수 있었을까요? 그렇지 않습니다. 일상에 감사하고, 현재 누리는 시간이 저에게 주는 선물이 있다는 믿음을 바탕으로 단순 반복적으로 콘텐츠를 오래 발행하면서 생긴 능력입니다. 어떤가요? 콘텐츠 마케팅이 주는 기쁨과 가치는 상상을 초월하지 않나요? 이 책을 통해서 독자님도 그런 기쁨과 힌트를 발견하는 단계로 가실 수 있습니다.

콘텐츠 해커의 정리!

고객의 호흡을 좇아갈 것인가 내 호흡으로 끌고 갈 것인가는 사업을 즐겁게 지속할 수 있는 것인가 없는 것인가를 결정할 만큼 중요한 사안입니다. 저는 제가 정말 도와주고 싶은 고객하고만 일하기 때문에 힘든 일이 거의 없습니다. 그리고 제 중심을 잡고 가족과 함께 보내는 시간을 항상 보장받기 때문에 삶의 균형이 잘 맞춰져 있습니다. 이 모든 것은 콘텐츠를 지속해서 발행하고 콘텐츠 마케팅을 하면서 제 호흡에 힘을 실을 수 있었기 때문입니다. 그리고 그에 대한 확신은 어린 아들과의 일상에서 얻은 영감을 통해서 얻은 것입니다. 사업과 일상의 균형을 고민하는 분이라면 콘텐츠 마케팅을 꼭 염두에 두세요.

미래 사회의 유연한 적응을 위한 키워드, 콘텐츠 해킹

2020년 초, 코로나19의 여파가 가시지 않은 상황에서 무거운 마음으로 책을 마무리하고 있습니다. 아이러니하게도 이 책에서 말하는 콘텐츠 해킹 관점을 적용하고 있던 기업들은 생각보다 그 타격을 입지 않고, 오프라인 활동에 제약이 있어도 기존에 하던 영업과 매출에 별다른 영향을 받지 않는 모습을 보고 있습니다. 오히려 더 많은 콘텐츠를 생산하면서 그다음 도약을 준비하는 과정 중에 있습니다.

저 역시 유치원이 무기한 연장이 되고, 둘째가 태어난 상황에서 적극적으로 육아에 참여하면서도 수익모델을 늘려갈 수 있었던 것은 콘텐츠 해킹을 통해서 시스템을 만들어왔고, 필요성을 느끼는 곳이 많아지기 때문입니다.

사회적 거리 두기와 재택근무가 당연시되는 시기가 5년 정도 빨리 왔다고들 이야기합니다. 천천히 체질 변화를 준비하던 기업들도 빠르게 대처하지 않으면 안 되는 상황이 되었습니다.

그런 상황에서 가장 먼저 공부해야 할 파트 중 하나가 콘텐츠 해킹이라고 조심스럽게 예상합니다. 저는 콘텐츠 해킹을 통해서 이미 7년째 재택근무를 하고 있고, 제 주변에 계속 이런 기업들을 늘려가는 중입니다.

광고비를 줄일 수 있고 인건비를 줄일 수 있으며, 고객 만족도를 높일 수 있고, 수익률을 높일 수 있으니 콘텐츠 해킹을 해야 한다고 말할 이유는 충분합니다. 하지만 이제는 생존하고 무너지지 않기 위해서 필수로 공부해야 할 부분이 되어버린 느낌입니다.

저의 소중한 시간과 피 같은 돈을 들여서 가치를 따질 수 없는 내용을 이 책에 충분히 담았습니다. 그리고 중간중간 동기부여를 하고 미션도 드리고 있습니다. 한번 보고 끝나는 책이 아니라 두고두고 보는 교재로서 충분한 책이라고 자부합니다. 그리고 독자님과 함께 만들어가는 책이라 생각합니다.

주어진 미션들을 독자님이 직접 해보고, 온라인상에 정리한 내용을 어떤 방식으로든 제가 알게 해주세요. 또 그렇게 쉽게 할 수 있도록 여러 가지 이벤트를 할 예정입니다. 그래서 정말 소통하면서 책의 내용을 독자님 것으로 만든다는 느낌이 들었으면 좋겠습니다.

자기 자신을 더 사랑하는 사람이 늘고, 더 행복한 가정이 늘어나서 다음 세대가 더 안전하고 즐겁게 살길 바라는 독자님이 계시면 꼭 적극적으로 동참해서 이 책을 교재로 사용해주세요. 가능한 방법을 계속 찾아서 피드백하겠습니다. 산이 전부인 줄 알고 토끼 따라 산만 오르고 있는 거북이들이 바다를 개척하고, 타고난 성향을 지키면서 더 자유를 즐길 수 있는 세상이 되는데 일조하고 싶습니다.

마지막으로 제 소중한 가족, 스승, 동료, 친구, 후배에게 항상 감사하고, 더 잘하지 못해서 죄송하다는 말씀드립니다. 제가 지금까지 온 것은 모두 곁에 있어준 당신 덕분입니다. 그리고 매번 책 나올 때마다 기꺼이 읽어주시는 독자님께 진심으로 감사합니다. 덕분에 계속 쓸 수 있습니다. 건강하시고, 더 게으르게 덜 쓰면서 더 버는 삶을 이 책을 통해 꼭 구현하시길 간절히 기원합니다.

게으르지만 콘텐츠로
돈은 잘 법니다

1판 1쇄 펴낸날 2020년 6월 8일
1판 9쇄 펴낸날 2023년 7월 27일

지은이 신태순
펴낸이 나성원
펴낸곳 나비의활주로

책임편집 유지은
디자인 BIGWAVE

주소 서울시 성북구 아리랑로19길 86
전화 070-7643-7272
팩스 02-6499-0595
전자우편 butterflyrun@naver.com
출판등록 제2010-000138호
상표등록 제40-1362154호
ISBN 979-11-88230-62-4 03320